다락원 중한대역문고

빙신(氷心) 소설선

중급
6

다락원 중한대역문고 - 중급6
빙신 소설전

기획 한국중국현대문학학회
편역 심혜영
펴낸이 정규도
펴낸곳 (주)다락원

초판 1쇄 발행 2004년 7월 10일
초판 3쇄 발행 2011년 10월 5일

책임편집 최준희, 전숙희, 신성은
디자인 정현석, 김금주

다락원 경기도 파주시 문발로 211
내용문의: (02)736-2031 내선 401~407
구입문의: (02)736-2031 내선 112~114
Fax: (02)732-2037
출판등록 1977년 9월 16일 제300-1977-23호

Copyright ⓒ 2004, (주)다락원

저자 및 출판사의 허락 없이 이 책의 일부 또는
전부를 무단 복제·전재·발췌할 수 없습니다.
잘못된 책은 바꿔 드립니다.

ISBN 89-7255-958-X 18720
ISBN 89-7255-336-0 (세트)

다락원 중한대역문고는...

중국현대문학을 전문적으로 연구하는 한국중국현대문학학회와 중국어 교재 전문 출판사 다락원이 질높은 중국어 학습교재의 개발을 목표로 기획한 중국어 독해교재이다. 중국 교과서에 실린 글과 문학작품 등 중국인의 사상, 문화가 배어 있는 엄선된 텍스트를 통해, 학습자들이 올바르고 아름다운 중국어 문장을 접할 수 있도록 하는 것을 기획의도로 삼았다. 2002년 추부터 기획, 작품선정을 시작하여 중국작가협회의 도움을 받아 판권을 계약하고, 현재 대학에서 중문학을 강의하고 있는 교수진이 번역을 맡았다. 2년이라는 짧지 않은 준비기간을 거치고 기획부터 번역까지 학계의 권위자들이 참가한 만큼 최고의 중국어 학습교재가 될 것을 믿어 의심치 않는다.

한국중국현대문학학회는...

1985년 창립된 한국중국현대문학학회는 국내는 물론 중국, 대만, 홍콩, 일본, 싱가폴 등지에서 전문적으로 중국현대문학을 연구하는 500여 회원들로 구성되어 있다. 정기간행 학술지 계간 「중국현대문학」 발간, 수십 회에 걸친 국제·국내학술대회 개최 등, 20년 가까운 역사 속에서 양적·질적 성장을 거듭하고 있는 명실상부한 중국현대문학 연구의 요람이다.

다락원 중한대역문고를 내면서

중국은 수천 년 동안 우리와 긴밀한 관계를 맺어 온 이웃이다. 최근에는 정치·외교적 역학관계의 균형뿐만 아니라 민족통일을 위한 역할 측면에서도 중국의 중요성이 더욱 부각되고 있다. 미증유의 한류(韓流)와 한국에서의 끝없는 '중국열' 속에서, 앞으로 다가올 것으로 보이는 동아시아 경제·문화 공동체의 발전을 위해서도 우리는 중국과 긴밀한 관계를 맺어 갈 수밖에 없다. 그러나 한편으로는 강력한 국가주의적 추구 속에서 중화대국주의의 흐름도 감지되고 있다. 중국을 공부해야 할 중요성이 바로 여기에 있다. 선린우호 관계를 유지하는 것은 필요하겠으나, 주체성 있는 '화이부동(和而不同)'의 자세로 중국을 공부해야 할 필요가 강조되는 까닭이기도 하다. 중국을 알기 위해서는 우선 중국어에 대한 폭넓은 이해가 선행되어야 한다. 한 국가의 언어를 이해하지 못한 채 그 나라를 깊이 있게 이해하겠다는 것은 연목구어(緣木求魚)가 아닐 수 없다.

이번에 한국중국현대문학학회와 다락원이 함께 기획하고 출판하게 된 다락원 중한대역문고는 이와 같은 인식에서 시작하여 인문학적 시각에서 중국을 이해하고자 하는 차원에 중점을 두고 중국의 다양한 역사·문화적 요소들을 통해 중국어를 학습할 수 있도록 노력하였다.

이러한 기획의도에 따라 다락원 중한대역문고는 초급과 중급으로 학습단계를 나누어 각각 10권씩 다양한 글들을 묶었다. 우선 초

급단계에서는 한국에서는 평소에 접하기 어려웠던 중국의 초등학교 교과서에 실린 글들을 대폭 선정하였다. 교과서란 무릇 그 나라의 언어와 문화를 체계적으로 학습할 수 있는 훌륭한 기본교재이기 때문이다. 이 밖에도 정확한 발음과 다양한 일상표현 학습을 위한 얼거(儿歌)선, 지혜와 교훈을 얻을 수 있는 우화선, 역사와 전통문화를 배울 수 있는 역사이야기선, 그리고 유명한 서양의 동화들을 중국에서는 어떤 방식으로 표현하는가를 집중적으로 배울 수 있는 외국동화선 등으로 꾸몄다.

중급단계에서는 수준을 한 단계 높여 초등학교 고학년 교과서의 글들을 우선 선정하였고, 이어서 중국 현대문학사에 빛나는 주옥같은 작품들을 통해 현대 중국의 문학언어를 학습할 수 있도록 하였다. 중국 당대(当代)동화선을 통해 학습자들은 기존에 접하지 못했던 현대 중국동화의 매력에 빠져들 수 있을 것이다. 아울러 중국 현·당대 수필선을 비롯하여 여류 작가 빙신(冰心)과 현대 중국 최고의 소설가 가운데 하나인 바진(巴金)의 단편들, 영원히 그 명성이 퇴색하지 않을 루쉰(鲁迅)의 『아Q정전』과 딩링(丁玲)의 『소피여사의 일기』는 물론, 최근 중국인의 의식과 문화를 잘 보여줄 단편소설과 미형(微型)소설들도 중국어와 중국문화를 접목하여 공부할 수 있는 좋은 교재가 될 것이다.

이번 중한대역문고는 모두 관련 분야에서 연구와 번역을 통해 오랫동안 공력을 들여온 역자들이 번역을 맡았다. 학습자들은 번역자

의 친절한 주석과 해설을 통해 원문과 번역문을 대조하면서 실력을 쌓아갈 수 있을 것이다. 또한 일정한 분량마다 제시되어 있는 연습문제 풀이를 통해서 자신의 실력을 점검해 볼 수도 있을 것이다. 무엇보다 부탁하고 싶은 것은 학습자들이 스스로 주어진 원문을 큰 소리로 낭독하는 과정을 반복했으면 하는 점이다. 언어는 스스로 소리 내어 말해보지 않으면 자기 것이 되기 어렵기 때문이다. 이번 문고를 통해 학습자들이 한층 더 성숙한 실력을 쌓을 수 있기를 바란다.

한국중국현대문학학회가 한국은 물론 아시아를 대표하는 중국현대문학 연구학회로 성장하고 있고 세계의 중화문학계를 향한 발언권을 더해가는 이 시점에 이 같은 문고를 출간할 수 있게 되어 가슴이 뿌듯하게 생각된다. 최초의 기획부터 출판에 이르기까지 남다른 노력을 아끼지 않았던 우리 학회의 전임회장이자 현 상임고문 박재우 교수(한국외대 중국어과)께 특별히 감사의 말씀을 드린다. 아울러 문고의 출간을 위해 여러 어려움을 모두 극복하고 끝까지 노력해 준 다락원 편집부에도 감사의 말씀을 드린다.

2004년 1월
한국중국현대문학학회
다락원 중한대역문고 기획위원회

일러두기

1 이 책은 독해학습을 위해 어색한 한국어를 피하는 수준의 직역을 위주로 하되, 문학작품의 성격을 살리기 위해 원문의 의미를 크게 해치지 않는 수준에서 의역한 부분도 있음을 밝혀둔다.

2 이 책의 표기는 다음과 같은 규칙을 따랐다.

① 현대 중국의 인명 및 지명, 중국의 고유명사는 중국어 발음대로 표기하였다. 단, 우리에게 널리 알려진 고유명사는 한자독음대로 표기하였다.

　예　李小青 리샤오칭　　　北京 베이징
　　　万里长城 만리장성　　紫禁城 자금성

② 신해혁명을 기준으로 그 이전의 인명 및 지명은 한자독음대로 표기하였다.

　예　诸葛亮 제갈량　　　长安 장안

③ 이 책의 병음표기와 어휘의 뜻은 『중한사전』(고대민족문화연구소 편)과 『应用汉语词典』(商务印书馆 편)에 따라 표기하였다. 단, 일부 경성표기나 병음 띄어쓰기의 경우 예외를 두었다.

3 다락원 중한대역문고는 초·중급 각 10권씩 20권으로 구성되어 있으며, 각 권의 번호와 상관없이 텍스트의 난이도에 따라 Grade 1부터 5까지 총 5단계로 분류하였다.

차 례

머리말	4
일러두기	7
两个家庭 두 가정 ● Track 01	10
연습문제 1	48
超人 초인 ● Track 02	50
연습문제 2	76
去国 조국을 떠나다 ● Track 03	78
연습문제 3	122
一个兵丁 한 병사 ● Track 04	124

연습문제 4	132
一个奇异的梦 이상한 꿈 ● Track 05	134
연습문제 5	148
我的母亲 나의 어머니 ● Track 06	150
연습문제 6	170
一个忧郁的青年 번민하는 청년 ● Track 07	172
연습문제 7	186
연습문제 모범답안	188
작가소개	192

两个家庭

前两个多月,有一位李博士来到我们学校,演讲"家庭与国家关系"。提到家庭的幸福和苦痛,与男子建设事业能力的影响,又引证许多中西古今的故实,说得痛快淋漓。当下我一面听,一面速记在一个本子上,完了会已到下午四点钟,我就回家去了。

路上车上,我还是看那本笔记。忽然听见有一个小姑娘的声音叫我说:"姐姐!来我们家里坐坐。"抬头一看,已经走到舅母家门口,小表妹也正放学回来;往常我每回到舅母家,必定说一两段故事给她听,所以今天她看见我,一定要拉我进去。我想明天是星期日,今晚可以不预备功课,无妨在这里玩一会儿,就下了车,同她进去。

引证 yǐnzhèng 사실이나 논의된 내용 또는 저서 등을 인용하여 근거로 삼다 故实 gùshí 역사적인 의미가 있는 과거의 사실들, 출처, 전고 痛快淋漓 tòngkuai línlí 조금도 거침없다, 유창하다 当下 dāngxià 바로 그때, 당장 舅母 jiùmǔ 외숙모 表妹 biǎomèi 사촌 누이 放学 fàng xué 학교가 파하다, 학교가 쉬게 되다, 방학하다 往常 wǎngcháng 평소, 평상시

두 가정

두 달 남짓 전에, 리 박사라는 분이 우리 학교에 와서 '가정과 국가의 관계'에 관한 강연을 했다. 가정에서의 행복과 고통이 남자들의 사회적 능력에 미치는 영향을 거론하면서, 동서 고금의 수많은 역사적 사실들을 또한 증거로 들어가며, 정말 통쾌하게 이야기를 했다. 그때 나는 한편으로 강연을 들으면서 또 한편으로는 부지런히 노트에 받아 적었는데, 강연이 끝났을 때는 벌써 오후 네 시나 되었고, 난 곧 집으로 가기 위해 나섰다.

돌아오는 차 안에서도 나는 여전히 그 노트를 들여다보고 있었다. 갑자기 어떤 꼬마 아가씨가 나를 부르는 소리가 들렸다. "언니! 우리 집에 와서 좀 놀다가." 고개를 들어 보니 차는 벌써 외숙모 댁 문 앞까지 와 있었고, 어린 사촌 누이도 마침 수업을 마치고 돌아오는 길이었다. 평소 외숙모 댁에 올 때마다 사촌 누이에게 꼭 이야기 한두 가지씩은 들려주었었기 때문에, 오늘 나를 보자 사촌 누이는 어떻게든 나를 데리고 들어가려고 했다. 생각해 보니, 내일은 일요일이라 오늘 저녁엔 예습을 하지 않아도 되었기에, 여기서 잠시 놀다 가도 괜찮을 것 같았다. 나는 곧 차에서 내려 사촌 누이와 함께 들어갔다.

舅母在屋里做活，看见我进来，就放下针线，拉过一张椅子，叫我坐下。一面笑说："今天难得你有工夫到这里来，家里的人都好么？功课忙不忙？"我也笑着答应一两句，还没有等到说完，就被小表妹拉到后院里葡萄架底下，叫我和她一同坐在椅子上，要我说故事。我一时实在想不起来，就笑说："古典都说完了。只有今典你听不听？"她正要回答，忽然听见有小孩子啼哭的声音。我要乱她的注意，就问说："妹妹！你听谁哭呢？"她回头向隔壁一望说："是陈家的大宝哭呢，我们看一看去。"就拉我走到竹篱旁边，又指给我看说："这一个院子就是陈家，那个哭的孩子，就是大宝。"

舅母家和陈家的后院，只隔一个竹篱，本来篱笆上面攀缘着许多扁豆叶子，现在都枯落下来；表妹说是陈家的几个小孩子，把豆根拔去，因此只有几片的黄叶子挂在上面，看过去是清清楚楚的。

외숙모는 집안에서 일을 하고 계시다가, 내가 들어오는 걸 보시더니 바느질 하던 걸 내려놓고는 의자를 끌어당기며 내게 앉으라고 하시고 웃으며 말씀하셨다. "오늘 모처럼 여기 올 시간이 있었네. 집안 어른들은 다 안녕하시고? 공부하느라 바쁘지?" 나도 웃으며 한두 마디 대답을 했는데, 말을 마치기도 전에 사촌 누이에게 이끌려 뒤뜰에 있는 포도나무 시렁 아래까지 왔다. 사촌 누이는 날더러 자기랑 같이 의자에 앉으라고 하더니 이야기를 해달라고 했다. 나는 순간 정말 생각이 나지 않아서 "옛날 고전들은 다 이야기해서 요새 이야기 밖에 없는데, 들을래?" 하고 웃으며 말했다. 사촌 누이가 막 대답을 하려고 하는데, 갑자기 어린아이 울음소리가 들렸다. 나는 사촌 누이의 주의를 좀 분산시켜 보려고 "누이야, 누가 우는 거지?" 하고 물었다. 사촌 누이는 고개를 돌려 이웃집 쪽을 한번 쳐다보더니 "천씨 댁 따바오가 우는 거야. 우리 가 보자" 하고 말하며 나를 대울타리 옆으로 데려갔고, 또 "이 뜰이 바로 천씨 댁이고, 우는 저 애가 바로 따바오야" 하고 나에게 가리켜 보이며 말했다.

외숙모 댁과 천씨 댁 뒤뜰은 단지 대울타리 하나만을 사이에 두고 있었다. 울타리 위에 원래는 납작 콩잎이 잔뜩 기어 올라가고 있었지만, 지금은 모두 날아 떨어져 버렸다. 사촌 누이는 천씨 댁 아이들이 콩 뿌리를 뽑아버렸기 때문에 누런 잎만 몇 잎 위쪽에 달려 있는 것이며, 멀리서 보아도 분명하게 알 수 있다고 말했다.

针线 zhēnxian 바느질·재봉·자수의 총칭　难得 nándé 얻기 어렵다, 모처럼, 드물게　架 jià 시렁, 선반, 틀, 대　啼哭 tíkū 소리 내어 울다　隔壁 gébì 이웃집, 옆집　竹篱 zhúlí 대울타리　篱笆 líba (나무로 된) 울타리, 바자　攀缘 pānyuán (물건을 잡고) 기어오르다　扁豆 biǎndòu 제비콩, 편두　拔 bá (잡아당겨) 빼다, 뽑다, 선발하다

陈家的后院,对着篱笆,是一所厨房,里面看不清楚,只觉得墙壁被炊烟熏得很黑。外面门口,堆着许多什物,如破瓷盆之类。院子里晾着几件衣服。廊子上有三个老妈子,廊子底下有三个小男孩。不知道他们弟兄为什么打吵,那个大宝哭的很厉害,他的两个弟弟也不理他,只管坐在地下,抓土捏小泥人玩耍。那几个老妈子也咕咕哝哝的不知说些什么。表妹悄悄地对我说:"他们老妈子真可笑,各人护着各人的少爷,因此也常常打吵。"

천씨 댁 뒤뜰 울타리 맞은편은 부엌인데, 그 안은 똑똑히 보이지 않았고, 단지 담벼락이 밥 짓는 연기에 시커멓게 그을려 있다는 것만 알 수 있었다. 바깥쪽 입구에는 깨진 사기 사발 같은 잡동사니들이 잔뜩 쌓여 있었고, 뜰에는 옷가지들이 햇볕에 널려 있었다. 회랑 위에는 어멈 셋이 있고, 회랑 아래에는 사내아이 셋이 있었다. 그들 형제들이 왜 싸웠는지 모르지만, 따바오가 심하게 울어대도 따바오의 두 동생은 아랑곳하지 않고 땅바닥에 앉아 흙을 가지고 작은 흙 인형을 빚으며 노는 데만 정신이 팔려 있었다. 그 어멈들도 무슨 소린지 알아들을 수 없는 말들을 웅얼거리고 있었다. 사촌 누이가 조그만 소리로 말했다. "저 어멈들 정말 웃긴다. 저마다 자기 도련님만 싸고돌다가 그것 때문에 자기네끼리도 종종 싸운다니까."

炊烟 chuīyān 밥 짓는 연기　熏 xūn (연기에) 그을다, (연기를) 배어들게 하다　什物 shíwù 집에서 일상적으로 사용하는 옷가지나 기타 자잘한 물건들, 잡동사니들　瓷盆 cípén 사기 사발, 법랑을 입힌 세면기　晾 liàng (그늘이나 바람에) 말리다, 햇볕에 말리다　廊子 lángzi 복도, 낭하, 처마　只管 zhǐguǎn 오로지 ~만 돌보다, 다만 ~만 고려하다　捏 niē (손으로 반죽 등을) 빚어 만들다, 손가락으로 집다　老妈子 lǎomāzi 어멈[늙은 하녀, 시녀 등을 부르는 말]　咕哝 gūnong 중얼거리다, 투덜거리다　护 hù 지키다, 감싸주다, 비호하다

这时候陈太太从屋里出来，挽着一把头发，拖着鞋子，睡眼惺忪，容貌倒还美丽，只是带着十分娇惰的神气。一出来就问大宝说："你哭什么？"同时那两个老妈子把那两个小男孩抱走，大宝一面指着他们说："他们欺负我，不许我玩！"陈太太啐了一声："这一点事也值得这样哭，李妈也不劝一劝！"李妈低着头不知道说些什么，陈太太一面坐下，一面摆手说："不用说了，横竖你们都是不管事的，我花钱雇你们来作什么，难道是叫你们帮着他们打架么？"说着就从袋里抓出一把铜子给了大宝说："你拿了去跟李妈上街玩去罢，哭的我心里不耐烦，不许哭了！"大宝接了铜子，擦了眼泪，就跟李妈出去了。

陈太太回头叫王妈，就又有一个老妈子，拿着梳头匣子，从屋里出来，替她梳头。当我注意陈太太的时候，表妹忽然笑了，拉我的衣服，小声说："姐姐！看大宝一手的泥，都抹到脸上去了！"

이때, 천씨 댁 부인이 방에서 나왔다. 머리를 말아 올리고 신발을 끌면서, 잠이 덜 깬 게슴츠레한 눈을 하고 있었다. 모습은 여전히 아름다웠지만, 다만 무척이나 나른한 표정을 띠고 있었다. 천씨 댁 부인이 나오자마자 따바오에게 "왜 우니?" 하고 묻자, 그와 동시에 어멈 둘은 어린아이들을 안고 가 버렸다. 따바오는 그들을 가리키면서 말했다. "쟤들이 날 따돌렸어, 날 못 놀게 했어!" 천씨 댁 부인이 "그까짓 일로 그렇게 울어, 리 어멈은 좀 타이르지도 않구!" 하고 한마디 꾸짖자, 리 어멈은 고개를 떨군 채 무슨 말을 해야 할지 몰랐다. 천씨 댁 부인은 앉으면서 손을 내저으며 말했다. "말할 필요 없어, 어쨌든 자네들은 모두 자기 맡은 일을 제대로 하지 못한 거라구. 내가 뭐하러 돈 들여서 자네들을 쓰겠나. 설마 애들 싸우는 거나 도와 주라고 그랬겠는가?" 천씨 댁 부인은 이렇게 말하며 주머니에서 동전 한 웅큼을 쥐어 따바오에게 주면서 말했다. "가지고 가서 리 어멈이랑 거리로 나가 놀렴, 울면 엄마 마음이 안 좋잖아. 울면 안 돼!" 따바오는 동전을 받더니 눈물을 닦고는 리 어멈을 따라 나섰다.

천씨 댁 부인이 고개를 돌려 왕 어멈을 부르자, 또 다른 어멈 하나가 경대를 들고 방에서 나오더니 부인의 머리를 빗겼다. 내가 천씨 댁 부인에게 주의를 기울이고 있을 때, 사촌 누이가 갑자기 웃으며 내 옷을 잡아당기더니 작은 소리로 말했다. "언니! 따바오가 손에 잔뜩 묻어 있는 긴흙을 얼굴에다 다 발랐어!"

挽 wǎn 걷다, 말아 올리다　惺忪 xīngsōng 잠에서 막 깨어나 게슴츠레하다　娇惰 jiāoduò 나른하다, 해이하다　神气 shénqì 표정, 기색, 기분　欺负 qīfu 업신여기다, 놀리다　啐 cuì 호되게 꾸짖다, 욕하다　横竖 héngshu 어쨌든, 여하튼　不耐烦 búnàifán 못 참다, 귀찮다, 성가시다　梳头 shū tóu 머리를 빗다　匣子 xiázi 작은 상자, 합

过一会子,陈太太梳完了头。正在洗脸的时候,听见前面屋里电话的铃响。王妈去接了,出来说:"太太,高家来催了,打牌的客都来齐了。"陈太太一面擦粉,一面说:"你说我就来。"随后也就进去。

我看得忘了神,还只管站着,表妹说:"他们都走了,我们走罢。"我摇手说:"再等一会儿,你不要忙!"

十分钟以后。陈太太打扮得珠围翠绕的出来,走到厨房门口,右手扶在门框上,对厨房里的老妈说:"高家催得紧,我不吃晚饭了,他们都不在家,老爷回来,你告诉一声儿。"说完了就转过前面去。

我正要转身,舅母从前面来了,拿着一把扇子,笑着说:"你们原来在这里,树荫底下比前院凉快。"我答应着,一面一同坐下说些闲话。

一会子 yíhuìzi 잠시 동안['一会儿'보다 약간 긴 시간], 비교적 긴 시간 동안　催 cuī (행동이나 일을) 독촉하다, 재촉하다　打牌 dǎ pái 마작·트럼프 따위를 하다　忘神 wàngshén 열중하다, 몰두하다　珠围翠绕 zhūwéi cuìrào 비취나 구슬 등의 장신구로 화려하게 치장하다

잠시 후, 천씨 댁 부인은 머리를 다 빗었다. 마침 세수를 하고 있을 때, 앞쪽 방에서 전화벨 소리가 들렸다. 왕 어멈이 가서 받더니 나와서 말했다. "마님, 까오씨 댁에서 빨리 오라고 하시네요. 마작을 하실 분들이 다 모이셨대요." 천씨 댁 부인은 얼굴에 분을 바르며 "곧 간다고 이르게"라고 말하고는 곧바로 들어갔다.

나는 넋을 잃고 보느라고 계속 서 있기만 했다. 사촌 누이가 "저 사람들 다 갔어, 우리도 가자" 하고 말했다. 난 손을 내저으며 "조금만 더 기다려 보자, 서둘지 말고!" 하고 말했다.

십 분쯤 후에 천씨 댁 부인은 화려하게 치장을 하고 나와 부엌문 앞으로 가더니, 오른손으로 문틀을 짚고 부엌에 있는 어멈에게 "까오씨 댁에서 몹시 재촉을 하니 저녁은 안 먹고 가겠네. 아이들도 다 집에 없으니, 어르신께서 오시면 자네가 말씀드리게" 하고 말을 하고는 곧 돌아서서 앞쪽으로 갔다.

나도 막 돌아서려는데, 외숙모가 앞쪽에서 손에 부채를 들고 걸어오시더니 웃으며 말씀하셨다. "너희들 여기 있었구나. 나무 그늘 밑이 앞뜰보다 시원하지." 나는 그렇다고 대답하면서 같이 앉아 한담을 나누었다.

忽然听有皮鞋的声音,穿过陈太太屋里,来到后面廊子上。表妹悄声对我说:"这就是陈先生。"只听见陈先生问道:"刘妈,太太呢?"刘妈从厨房里出来说:"太太刚到高家去了。"陈先生半天不言语。过一会儿又问道:"少爷们呢?"刘妈说:"上街玩去了。"陈先生急了,说:"快去叫他们回来。天都黑了还不回家。而且这街市也不是玩的去处。"

刘妈去了半天,不见回来。陈先生在廊子上踱来踱去,微微的叹气,一会子又坐下。点上雪茄,手里拿着报纸,却抬头望天凝神深思。

又过了一会儿,仍不见他们回来,陈先生猛然站起来,扔了雪茄,戴上帽子,拿着手杖径自走了。

表妹笑说:"陈先生又生气走了。昨天陈先生和陈太太拌嘴,说陈太太不像一个当家人,成天里不在家,他们争辩以后,各自走了。他们的李妈说,他们拌嘴不止一次了。"

갑자기 구두 소리가 들려왔고, 그 소리는 천씨 댁 부인의 방을 지나 뒤쪽 회랑까지 이르렀다. 사촌 누이가 나에게 조그만 소리로 말했다. "저분이 바로 천 선생님이셔." 얼핏 천 선생이 묻는 소리가 들렸다. "리우 어멈, 마님은?" 리우 어멈은 부엌에서 나와 대답했다. "마님께선 방금 까오씨 댁에 가셨습니다." 천 선생은 한참을 말이 없더니, 잠시 후 다시 물었다. "도련님들은?" 리우 어멈이 대답했다. "거리로 놀러 나가셨습니다." 천 선생이 성을 내며 말했다. "빨리 가서 아이들을 데려오게. 날이 벌써 어두워졌는데 아직도 안 돌아오다니. 게다가 여기 거리는 놀러 갈만한 곳이 아니야."

리우 어멈이 나간 지 한참이 지나도록 돌아올 기미가 보이지 않았다. 천 선생은 회랑 위를 왔다 갔다 하면서 나지막하게 한숨을 내쉬더니 조금 있다가 다시 앉았다. 시가에 불을 붙였다. 손에 신문을 들고 있었지만, 고개를 들고 하늘을 쳐다보며 깊은 생각에 잠겼다.

한참이 더 지나고 난 뒤에도 여전히 아이들이 돌아오는 게 보이지 않자, 천 선생은 벌떡 일어나더니 시가를 내던지고, 모자를 쓰고 지팡이를 들고는 제멋대로 나가 버렸다.

사촌 누이가 웃으며 말했다. "천 선생님이 또 성이 나서 나가 버렸네. 어제 천 선생님이 천씨 부인하고 말다툼을 했는데, 천씨 부인이 안주인답지 않게 하루 종일 집에 없다고 해서, 둘이 언쟁을 하고는 각각 나가 버렸거든. 그 집 리 어멈이 그러는데, 두 분이 말다툼을 한 게 한두 번이 아니래."

踱 duó 천천히 거닐다　雪茄 xuějiā 시가, 담배　凝神 níngshén 정신을 집중하다, 깊이 생각하다　径自 jìngzì 제멋대로, 오로지, 한결같이　拌嘴 bàn zuǐ 말다툼을 하다, 언쟁하다　当家人 dāngjiārén 집주인, 세대주

舅母说:"人家的事情,你管他作什么,小孩子家,不许说人!"表妹笑着说:"谁管他们的事,不过学舌给表姊听听。"舅母说:"陈先生真也特别,陈太太并没有什么大不好的地方,待人很和气,不过年轻贪玩,家政自然就散漫一点,这也是小事,何必常常动气!"

谈了一会儿,我一看表,已经七点半,车还在外面等着,就辞了舅母,回家去了。

외숙모가 "남의 일에 네가 무슨 상관이야. 어린것들이 남의 말을 하면 못써!" 하고 말씀하시자, 사촌 누이는 웃으며 "누가 저 사람들 일에 상관한다고 그래요. 그냥 들은 말을 언니한테 들려 준 것 뿐이라구요" 하고 말했다. 외숙모가 말씀하셨다. "천 선생님도 정말 유별나시지. 천씨 부인이 뭐 크게 잘못한 것도 없는데. 사람들한테도 상냥하게 대하고, 다만 나이가 젊어 노는 걸 좋아하니 집안 관리는 자연히 좀 소홀해지겠지만, 그것도 소소한 일인데, 그렇게 자주 화를 낼 필요까지 있나!"

한참을 이야기하다 시계를 보니 벌써 일곱 시 반이었다. 차가 아직 밖에서 기다리고 있어서, 곧 외숙모에게 인사를 드리고는 집으로 돌아왔다.

小孩子家 xiǎoháizijiā 어린것들, 철부지들　**学舌** xué shé 입내를 내다, 말을 흉내 내다, 남의 말을 잘 옮기다　**散漫** sǎnmàn 제멋대로이다, 산만하다

第二天早起,梳洗完了,母亲对我说:"自从三哥来到北京,你还没有去看看,昨天上午亚茜来了,请你今天去呢。"——三哥是我的叔伯哥哥,亚茜是我的同学,也是我的三嫂。我在中学的时候,她就在大学第四年级,虽只同学一年,感情很厚,所以叫惯了名字,便不改口。我很愿意去看看他们,午饭以后就坐车去了。

他们住的那条街上很是清静,都是书店和学堂。到了门口,我按了铃,一个老妈出来,很干净伶俐的样子,含笑的问我:"姓什么?找谁?"我还没有答应,亚茜已经从里面出来,我们见面,喜欢的了不得,拉着手一同进去。六年不见,亚茜更显得和蔼静穆了,但是那活泼的态度,仍然没有改变。

院子里栽了好些花,很长的一条小径,从青草地上穿到台阶底下。上了廊子,就看见苇帘的后面藤椅上,一个小男孩在那里摆积木玩。漆黑的眼睛,绯红的腮颊,不问而知是闻名未曾见面的侄儿小峻了。

다음 날 아침 일어나 세수와 머리 손질을 마쳤을 때, 어머니가 내게 말씀하셨다. "셋째 오빠가 베이징에 오고 난 뒤로 아직 안 가 봤지? 어제 오전에 야첸이 와서 오늘 널더러 오라고 하더라."
셋째 오빠는 나랑 사촌간인 오빠고, 야첸은 나의 동창이자 셋째 오빠의 아내였다. 내가 중학교에 다닐 때 그녀는 대학교 4학년이었다. 1년 밖에 같이 공부하지 못했지만, 무척 친했기 때문에 이름을 부르는 게 습관이 되어 아직도 말버릇을 고치지 못했다. 난 언니랑 오빠를 무척 보러 가고 싶어 점심을 먹고는 차를 타고 갔다.

그들이 사는 거리는 너무나 깨끗하고 조용했고, 주변엔 모두 서점과 학교였다. 입구에 도착해서 벨을 눌렀다. 아주 깔끔하고 영리해 보이는 어멈 한 명이 나와, 웃음을 머금고 물었다. "성함이? 누굴 찾으시죠?" 내가 미처 대답을 하기도 전에, 야첸이 이미 안에서 나왔다. 우린 만나서 좋아 어쩔 줄 몰라 하며 손을 잡고 함께 안으로 들어갔다. 6년 동안 못 본 사이에 야첸은 더 상냥하고 차분해진 것 같았지만, 그 발랄한 태도는 여전히 변하지 않았다.

마당에는 꽃들이 많이 심겨져 있었고, 길게 이어진 작은 길이 푸른 잔디에서 계단 밑까지 이어져 있었다. 회랑에 오르니 갈대발 뒤쪽 등나무 의자 위에서 남자아이 하나가 나무쌓기 놀이를 하고 있는 것이 보였다. 새카만 눈과 발그레한 볼은, 물어보지 않아도 지금까지 이름만 듣고 만나보지 못한 조카 샤오쥔이라는 걸 알 수 있었다.

改口 gǎi kǒu 말투를 고치다, 말을 시정하다 学堂 xuétáng 학교 伶俐 línglì 영리하다, 총명하다 和蔼 hé'ǎi 부드럽다, 상냥하다 静穆 jìngmù 조용하고 엄숙하다 栽 zāi 심다, 재배하다 苇帘 wěilián 갈대발 藤椅 téngyǐ 등나무 의자 积木 jīmù 집짓기 놀이 장난감 绯红 fēihóng 새빨갛다 腮颊 sāijiá 볼, 뺨

亚茜笑说:"小峻,这位是姑姑。"他笑着鞠了一躬,自己觉得很不自然,便回过头去,仍玩他的积木,口中微微的唱歌。进到中间的屋子,窗外绿荫遮满,几张洋式的椅桌,一座钢琴,几件古玩,几盆花草,几张图画和照片,错错落落的点缀得非常静雅。右边一个门开着,里面几张书橱,磊着满满的中西书籍。三哥坐在书桌旁边正写着字,对面的一张椅子,似乎是亚茜坐的。我走了进去,三哥站起来,笑着说:"今天礼拜!"我道:"是的,三哥为何这样忙?"三哥说:"何尝是忙,不过我同亚茜翻译了一本书,已经快完了,今天闲着,又拿出来消遣。"我低头一看,桌上对面有两本书,一本是原文,一本是三哥口述亚茜笔记的,字迹很草率,也有一两处改抹的痕迹。在桌子的那一边,还磊着几本也都是亚茜的字迹,是已经翻译完了的。

亚茜微微笑说:"我哪里配翻译书,不过借此多学一点英文就是了。"我说:"正合了梁任公先生的一句诗'红袖添香对译书'了。"大家一笑。

야첸이 웃으며 "샤오쥔, 이분이 고모란다" 하고 말하자, 아이는 웃으며 허리를 굽혀 인사를 했다. 스스로도 무척 어색한지 곧 고개를 돌려 나무 쌓기 놀이를 계속했고, 입으로는 조그맣게 노래를 흥얼거렸다. 가운데 방으로 들어서자 창 밖은 짙은 나무 그늘로 가려져 있었고, 서양식 의자와 탁자 몇 개랑 피아노 한 대, 골동품 몇 점과 화초 화분 몇 개, 그림과 사진들이 여기저기 놓여 있는 것이 무척이나 우아하게 꾸며져 있었다. 오른쪽에 있는 문 하나는 열려 있었는데, 그 안에는 책장이 몇 개 놓여져 있었고, 거기에는 동서양의 책들이 가득 쌓여 있었다. 셋째 오빠는 책상 옆에 앉아 글을 쓰고 있었다. 맞은편 의자는 야첸이 앉는 자리인 것 같았다. 내가 들어가자, 셋째 오빠가 일어나 웃으며 말했다. "오늘 주일이지?" "응, 셋째 오빠 뭐가 그렇게 바빠?" 내가 말하자, 셋째 오빠는 말했다. "내가 언제 바빴다고 그러니. 그냥 나랑 야시랑 책을 하나 번역했는데, 이제 거의 끝나가거든. 오늘 좀 한가하길래 다시 꺼내서 소일 삼아 보고 있을 뿐이야." 내려다보니, 책상 맞은편에 두 권의 책이 있었다. 한 권은 원문이고, 한 권은 셋째 오빠가 구술하고 야첸이 받아 적은 것이었다. 글씨체는 무척 거칠었고, 한두 군데 고치거나 지운 흔적도 있었다. 탁자 저쪽에 쌓여 있는 몇 권의 책들도 모두 야첸의 글씨체였고, 이미 번역이 끝난 것들이었다.

야첸이 미소를 지으며 말했다. "제가 어디 번역할 자격이 되나요. 그저 이 기회에 영어를 좀더 공부한 거죠." "정말 량런꿍 선생의 시에서 '아리따운 여인, 향로의 향을 더해주는 밤, 번역서를 마주하네'라더니 정말 딱 맞네." 내가 이렇게 말하자 모두들 웃었다.

鞠躬 jū gōng (서서) 허리를 굽혀 절하다　**错落** cuòluò 어수선하게 흩어져 있는 모양　**点缀** diǎnzhui 아름답게 꾸미다, 장식하다, 구색을 맞추다　**书橱** shūchú 책장　**磊** lěi 돌이 쌓여 있는 모양, 돌무더기　**消遣** xiāoqiǎn 심심풀이하다, 소일하다　**草率** cǎoshuài 거칠다, 대충대충하다　**配** pèi ~할 수 있다, ~할 자격이 있다

三哥又唤小峻进来。我拉着他的手,和他说话,觉得他应对很聪明,又知道他是幼稚生,便请他唱歌。他只笑着看着亚茜。亚茜说:"你唱罢,姑姑爱听的。"他便唱了一节,声音很响亮,字句也很清楚,他唱完了,我们一齐拍手。

随后,我又同亚茜去参观他们的家庭,觉得处处都很洁净规则,在我目中,可以算是第一了。

下午两点钟的时候,三哥出门去访朋友,小峻也自去睡午觉。我们便出来,坐在廊子上,微微的风,送着一阵一阵的花香。亚茜一面织着小峻的袜子,一面和我谈话。一会儿三哥回来了,小峻也醒了,我们又在一处游玩。夕阳西下,一抹晚霞,映着那灿烂的花,青绿的草,这院子里,好像一个小乐园。

晚餐的肴菜,是亚茜整治的,很是可口。我们一面用饭,一面望着窗外。小峻已经先吃过了,正在廊下捧着沙土,堆起几座小塔。

　셋째 오빠는 다시 샤오쥔을 들어오라고 불렀다. 나는 아이의 손을 잡고 아이와 이야기를 나누었는데, 그 아이가 대답하는 것을 보며 무척 똑똑하다고 느꼈다. 또 그 아이가 유치원생이라는 것을 알고는 노래를 한 곡 불러보라고 했다. 아이는 웃으면서 야첸을 쳐다보았다. 야첸이 "불러 보렴, 고모가 듣고 싶어하시잖아" 하고 말하자 아이는 곧 노래 한 소절을 불렀다. 목소리가 무척 맑았고, 가사도 분명했다. 노래를 마쳤을 때 우린 모두 박수를 쳤다.

　그 다음 난 또 야첸이랑 같이 집안 구경을 했다. 곳곳이 모두 너무나 깨끗하고 가지런해 보였고, 내가 보기엔 최고라고 할 수 있었다.

　오후 두 시쯤 셋째 오빠는 친구를 방문하러 나갔고, 샤오쥔도 혼자 낮잠을 자러 갔다. 우리는 나와서 회랑에 앉았다. 가볍게 부는 바람이 한 차례 한 차례 꽃향기를 날라다 주었다. 야첸은 샤오쥔의 양말을 짜면서 나와 이야기를 나누었다. 얼마 후 셋째 오빠가 돌아왔고 샤오쥔도 깨어나 우린 다시 함께 놀았다. 석양이 서쪽으로 기울며 저녁놀을 물들이고 찬란하게 빛나는 꽃들과 푸른 풀들을 비추었다. 이 뜰 안은 마치 작은 낙원 같았다.

　저녁 식탁의 요리는 야첸이 만든 것으로 무척 맛있었다. 우리는 식사를 하면서 창 밖을 내다보았다. 샤오쥔은 벌써 먼저 밥을 다 먹고 회랑 아래쪽에서 두 손으로 모래흙을 받쳐 들고 몇 개의 작은 탑을 쌓고 있었다.

应对 yìngduì 응답하다, 대답하다　洁净 jiéjìng 깨끗하고 산뜻하다　规则 guīzé 정연하다, 단정하다　袜子 wàzi 양말, 버선　肴 yáo (생선 또는 고기로 만든) 요리나 안주　整治 zhěngzhì (일을) 하다, 정리하다　捧 pěng (두 손으로) 움켜 뜨다[받쳐 들다]

门铃响了几声，老妈子进来说："陈先生来见。"三哥看了名片，便对亚茜说："我还没有吃完饭，请我们的小招待员去领他进来罢。"亚茜站起来唤道，"小招待员，有客来了！"小峻抬起头来说："妈妈，我不去，我正盖塔呢！"亚茜笑着说："这样，我们往后就不请你当招待员了。"小峻立刻站起来说："我去，我去。"一面抖去手上的尘土，一面跑了出去。

陈先生和小峻连说带笑的一同进入客室，——原来这位就是住在舅母隔壁的陈先生——这时三哥出去了，小峻便进来。天色渐渐的黑暗，亚茜捻亮了电灯,对我说："请你替我说几段故事给小峻听。我要去算账了。"说完了便出去。

我说着"三只熊"的故事，小峻听得很高兴，同时我觉得他有点倦意，一看手表，已经八点了。我说："小峻，睡觉去罢。" 他揉一揉眼睛，站了起来，我拉着他的手，一同进入卧室。

他的卧房实在有趣，一色的小床小家具，小玻璃柜子里排着各种的玩具,墙上挂着各种的图画，和他自己所画的剪的花鸟人物。

현관벨 소리가 몇 번 울리더니, 어멈이 들어와 말했다. "천 선생께서 오셨습니다." 셋째 오빠는 명함을 보더니 야첸에게 말했다. "난 아직 밥을 다 먹지 못했으니, 우리 꼬마 접대원님께 좀 모셔오라고 부탁합시다." 야첸이 일어나 "꼬마 접대원님, 손님 오셨어요!" 하고 소리쳤다. 샤오쥔은 고개를 들더니 말했다. "엄마, 나 안 갈래요. 지금 탑 쌓고 있단 말이에요!" 그러자 야첸이 "그럼, 우리 앞으론 너한테 접대원님하라고 안 한다" 하고 웃으면서 말하자, 샤오쥔은 당장 일어나 "갈게요, 가요" 하고는 손의 흙을 털며 뛰어나갔다.

천 선생과 샤오쥔은 웃으면서 이야기를 나누며 함께 응접실로 들어왔다. ―알고 보니 그분은 바로 외숙모 댁 이웃에 사는 천 선생님이었다 ― 이때 셋째 오빠가 막 나가려고 하는데 샤오쥔이 들어왔다. 날이 점점 어두워지자 야첸은 전등을 비틀어 켜며 나에게 말했다. "내 대신 샤오쥔에게 이야기 좀 들려줄래. 난 장부 정리하러 가야 하거든." 말을 마치고는 곧 나갔다.

내가 '곰 세 마리' 이야기를 들려주자, 샤오쥔은 무척 즐거워했고, 또 조금 피곤해하는 것 같아 보였는데, 시계를 보니 벌써 여덟 시였다. 내가 "샤오쥔, 자러 가자" 하고 말하자, 샤오쥔은 눈을 비비며 일어섰다. 나는 샤오쥔의 손을 잡고 함께 침실로 들어갔다.

샤오쥔의 침실은 정말 흥미로웠다. 같은 색으로 된 작은 침대와 작은 가구들, 작은 유리장 속에는 갖가지 장난감들이 줄지어 놓여져 있고, 벽에는 여러 가지 그림들과 샤오쥔이 직접 그리고 잘라서 만든 꽃이랑 새랑 사람들이 걸려 있었다.

抖 dǒu 털다, 흔들다, 떨다   捻 niǎn (손가락으로) 비비다, 비틀다   算账 suànzhàng (장부상의 숫자를) 계산하다, 결산하다   倦意 juànyì 피곤한 기분이나 느낌, 권태감   揉 róu (손으로) 비비다, 문지르다   柜子 guìzi (옷이나 서류 따위를 넣어 두는) 장, 궤짝

他换了睡衣，上了小床，便说："姑姑，出去罢，明天见。"我说："你要灯不要？"他摇一摇头，我把灯捻下去，自己就出来了。

亚茜独坐在台阶上，看见我出来，笑着点一点头。我说："小峻真是胆子大，一个人在屋里也不害怕，而且也不怕黑。"亚茜笑说："我从来不说那些神怪悲惨的故事，去刺激他的娇嫩的脑筋。就是天黑，他也知道那黑暗的原因，自然不懂得什么叫做害怕了。"

   샤오쥔은 잠옷으로 갈아입고 작은 침대 위로 올라가더니 말했다. "고모, 나가세요, 내일 봐요." "전등은 켜 놓을까?" 하고 묻자 샤오쥔은 고개를 가로 저었다. 난 등을 끄고 혼자 나왔다.

   야첸은 계단 위에 혼자 앉아 있다가 내가 나오는 걸 보더니 웃으며 고개를 끄덕였다. "샤오쥔은 정말 담이 크네. 혼자 방에 있어도 무서워하지 않고, 게다가 캄캄한 것도 겁내지 않으니 말야." 내가 이렇게 말하자, 야첸은 웃으며 말했다. "난 한 번도 귀신 이야기나 비참한 이야기를 해서 아이의 여린 머리를 자극한 적이 없거든. 설령 날이 어두워진다고 해도, 그 아인 그 어둠의 원인을 알기 때문에, 당연히 무얼 무섭다고 하는 건지 모르는 거야."

刺激 cìjī 자극(하다) 娇嫩 jiāonen 연약하다 脑筋 nǎojīn 머리, 지능, 사상, 의식

我也坐下，看着对面客室里的灯光很亮，谈话的声音很高。这时亚茜又被老妈子叫去了，我不知不觉的就注意到他们的谈话上面去。

只听得三哥说："我们在英国留学的时候，觉得你很不是自暴自弃的一个人，为何现在有了这好闲纵酒的习惯？我们的目的是什么，希望是什么，你难道都忘了么？"陈先生的声音很低说："这个时势，不游玩，不拼酒，还要做什么，难道英雄有用武之地么？"三哥叹了一口气说："这话自是有理，这个时势，就有满腔的热血，也没处去洒，实在使人灰心。但是大英雄，当以赤手挽时势，不可为时势所挽。你自己先把根基弄坏了，将来就有用武之地，也不能做个大英雄，岂不是自暴自弃？"

这时陈先生似乎是站起来，高大的影子，不住在窗前摇漾，过了一会说："也难怪你说这样的话，因为你有快乐，就有希望。不像我没有快乐，所以就觉得前途非常的黑暗了！"这时陈先生的声音里，满含愤激悲惨。

나도 옆에 앉아서, 맞은편 응접실의 등이 환하게 켜져 있는 것을 보고 있었다. 들려오는 대화 소리가 제법 컸다. 이때 마침 야첸은 다시 어멈에게 불려 나갔고, 난 나도 모르게 응접실에서 나누는 이야기 소리에 주의를 기울이게 되었다.

얼핏 셋째 오빠가 말하는 소리가 들렸다.

"우리가 영국에서 유학할 때, 자네는 전혀 자포자기할 사람이 아니라고 생각했는데, 어째서 지금은 이렇게 할 일 없이 술만 마셔대는 습관이 생긴 건가? 우리의 목표는 무엇이고, 희망은 무엇인지 자네 설마 다 잊어버린 건 아니겠지?" 천 선생은 낮은 소리로 말했다. "이런 시국에 놀러 다니지도 않고, 술만 마셔대지도 않는다면 또 뭘 해야 겠나? 설마 우리가 가진 재주를 쓸 데가 있다는 건 아니겠지?" 셋째 오빠는 한숨을 내쉬며 말했다. "말이야 맞네. 이런 시국엔 가슴 가득 뜨거운 피가 끓어도 쏟아 부을 데가 없으니, 정말 사람을 낙심하게 만들지. 하지만 진짜 영웅이라면 맨손으로라도 시국을 돌이켜야지, 시국에 끌려가서는 안 되는 것 아닌가. 자네 스스로 먼저 근본을 맞쳐 버린다면 장차 힘을 써야 할 곳이 생긴다 해도 영웅 노릇을 할 수 없을 테니, 이것이 어찌 자포자기가 아닌가?"

그때 천 선생이 일어나는 것 같았고, 커다란 그림자는 계속해서 창 앞에서 흔들거렸다. 잠시 후 천 선생이 말했다. "자네가 이런 말을 하는 거야 당연하지. 자네는 행복하니까, 희망이 있는 걸세. 아무런 행복도 없고, 그래서 앞날이 너무나 캄캄하다고 느끼는 나 같은 사람과는 다르지!" 이렇게 말하는 천 선생의 목소리에는 분노와 슬픔이 가득했다.

自暴自弃 zì bào zì qì 자포자기하다   **好闲** hàoxián 게으름 피우기를 좋아하다, 빈둥거리기를 좋아하다   **纵酒** zòngjiǔ 술독에 빠지다, 무절제하게 술을 마시다   **时势** shíshì 시대의 추세, 시국   **满腔** mǎnqiāng 가슴속에 가득 차다   **灰心** huīxīn 낙담하다, 낙심하다   **赤手** chìshǒu 맨손   **摇漾** yáoyàng 흔들거리다

三哥说:"这又奇怪了,我们一同毕业,一同留学,一同回国。要论职位,你还比我高些,薪俸也比我多些,至于素志不偿,是彼此一样的,为何我就有快乐,你就没有快乐呢?"陈先生就问道:"你的家庭什么样子?我的家庭什么样子?"三哥便不言语。陈先生冷笑说:"大概你也明白……我回国以前的目的和希望,都受了大打击,已经灰了一半的心,并且在公事房终日闲坐,已经十分不耐烦。好容易回到家里,又看见那凌乱无章的家政,儿啼女哭的声音,真是加上我百倍的不痛快。我内人是个宦家小姐,一切的家庭管理法都不知道,天天只出去应酬宴会,孩子们也没有教育,下人们更是无所不至。我屡次的劝她,她总是不听,并且说我'不尊重女权'、'不平等'、'不放任'种种误会的话。我也曾决意不去难为她,只自己独力的整理改良。

薪俸 xīnfèng 봉급, 급여　**素志** sùzhì 줄곧 품고 있던 소망　**偿** cháng 이루다, 채우다, 만족시키다　**言语** yányu 말하다, 부르다, 대답하다　**公事房** gōngshìfáng 사무실　**凌乱无章** líng luàn wú zhāng 질서가 없다, 어수선하다　**宦家** huànjiā 관리의 집안　**应酬** yìngchou 응대하다, 교제하다　**屡次** lǚcì 자주, 누차, 여러 번　**难为** nánwei (남을) 난처하게 만들다, 혼내 주다

"그것 또한 이상한 일일세. 우린 같이 졸업을 하고, 같이 유학을 하고, 같이 귀국을 했네. 직위로 말하면 자네가 나보다 더 높고, 월급도 나보다 더 많지 않은가. 품은 뜻을 이루지 못한 건 자네나 나나 피차 마찬가지고. 그런데 어째서 난 행복하고 자넨 행복하지 않다는 건가?" 셋째 오빠가 이렇게 말하자 천 선생은 "자네 가정은 어떤 모습이고, 우리 가정은 어떤 모습인가?" 하고 물었고, 셋째 오빠는 더 이상 말을 하지 않았다. 천 선생이 냉소를 띠며 말했다. "아마 자네도 대충은 알겠지만…… 귀국하기 전 가지고 있던 목표나 희망은 모두 큰 타격을 입었고, 난 이미 대부분의 의욕을 상실한 상태라네. 게다가 사무실에 나가 종일 할 일 없이 앉아 있는 것도 이제는 너무나 지긋지긋하네. 그러다가 겨우 집으로 돌아가면 또 엉망으로 어질러져 있는 집안꼴을 보고, 아이들이 빽빽 울어대는 소리를 듣노라면 정말이지 백 배나 더 불쾌해진다네. 내 집사람은 양반댁 아가씨라 가정 돌보는 일에 대해서는 아무것도 아는 게 없고, 그저 날마다 연회에나 참석하러 나간다네. 아이들도 배워 먹은 게 없고, 하인들은 더더욱 제멋대로지. 내가 몇 번이나 그녀를 타일렀지만 도무지 듣지 않는데다, 내게 '여자의 권리를 존중하지 않는다', '불평등하다', '그냥 내버려두지 않는다'는 등 갖가지 오해의 말만 해댄다네. 할 수 없이 나도 더 이상 그녀를 힘들게 하지 않고, 나 혼자의 힘으로 어떻게든 좀 정리도 하고 개선해 보려고 결심한 적도 있었지.

无奈我连米盐的价钱都不知道，并且也不能终日坐在家里，只得听其自然。因此经济上一天比一天困难，儿女也一天比一天放纵，更逼得我不得不出去了！既出去了，又不得不寻那剧场酒馆热闹喧嚣的地方，想以猛烈的刺激，来冲散心中的烦恼。这样一天一天的过去，不知不觉的就成了习惯。每回到酒馆的灯灭了，剧场的人散了。更深夜静，踽踽归来的时候，何尝不觉得这些事不是我陈华民所应当做的？然而……咳！峻哥呵！你要救救我才好!"这时已经听见陈先生呜咽的声音。三哥站起来走到他面前。

门铃又响了，老妈进来说我的车子来接我了，便进去告辞了亚茜，坐车回家。

两个月的暑假又过去了，头一天上学从舅母家经过的时候，忽然看见陈宅门口贴着"吉屋招租"的招贴。

放学回来刚到门口，三哥也来了，衣襟上缀着一朵白纸花，脸上满含着凄惶的颜色，我很觉得惊讶，也不敢问，彼此招呼着一同进去。

하지만 난 쌀값이 얼만지, 소금값이 얼만지도 모르는 데다 종일 집안에만 앉아 있을 수도 없는 노릇이니 어떡하겠나, 그냥 그대로 내버려두는 수밖에. 이렇게 되니 경제적으로는 하루하루 더 어려워져 가고, 아이들은 갈수록 더 제멋대로고, 이런 일들이 더욱이 나를 바깥으로 나가지 않을 수 없도록 내몬 거라네! 이왕 나오고 나면 또 극장이나 술집 같은 떠들썩하고 시끄러운 곳을 찾아서, 강렬한 자극으로 마음속의 번민을 떨쳐 보려 하게 되지. 이렇게 하루하루 지내다보니, 나도 모르는 사이에 습관이 되어 버린 걸세. 매번 술집의 등이 꺼지고, 극장에 모였던 사람들이 흩어지고, 깊은 밤이 되어 터덜터덜 집으로 돌아올 때면, 이런 일들은 이 천화민이 마땅히 해야 할 일이 아니라는 생각을 어찌 해보지 않았겠는가? 하지만…… 아! 쥔 형! 자네가 날 좀 구해 주면 좋겠어!" 이때 이미 천 선생이 오열하는 소리가 들렸다. 셋째 오빠는 일어나 그의 앞으로 걸어갔다.

벨이 다시 울렸고, 어멈이 들어와 우리 차가 날 데리러 왔다고 했다. 나는 곧 들어가 야첸에게 작별 인사를 하고, 차를 타고 집으로 돌아왔.

두 달간의 여름방학이 또 지나가고, 학교에 가던 첫날 외숙모 댁을 지날 때 문득 천씨 대 문 앞에 '좋은 집 세 놓음'이라고 쓰여진 벽보가 붙여져 있는 것을 보게 되었다.

수업을 마치고 돌아와 막 문 앞에 이르렀는데 셋째 오빠도 왔다. 옷깃에는 하얀 종이꽃 한 송이를 달고 있었는데, 얼굴에는 비통한 빛이 역력했다. 난 무척이나 이상하게 생각되었지만 감히 묻지는 못하고, 우린 서로 인사를 나누며 함께 들어갔다.

听其自然 tīng qí zì rán 될 대로 되라고 내버려두다   **放纵** fàngzòng 방종하다, 법률을 지키지 않고 제멋대로다   **喧嚣** xuānxiāo 시끄럽게 떠들어대다   **冲散** chōngsàn 쫓아 흩뜨리다, 해산하다   **踽踽** jǔjǔ 터덜터덜 걷는 모양, 외롭게 걸어가는 모양   **呜咽** wūyè 오열하다, 목메어 울다, 흐느껴 울다   **招租** zhāozū 집을 세놓다   **招贴** zhāotiē 벽보   **衣襟** yījīn 옷깃   **缀** zhuì 달다, 잇다, 장식하다   **凄惶** qīhuáng 비참하다, 애처롭다, 슬퍼하다

母亲不住的问三哥:"亚茜和小峻都好吗？为什么不来玩玩？"这时三哥脸上才转了笑容,一面把那朵白纸花摘下来,扔在字纸篮里。

母亲说:"亚茜太过于精明强干了,大事小事,都要自己亲手去做,我看她实在太忙。但我却从来没有看见过她有一毫勉强慌急的态度,匆忙忧倦的神色,总是喜喜欢欢从从容容的。这个孩子,实在可爱!"三哥说:"现在用了一个老妈,有了帮手了,本来亚茜的意思还不要用。我想一切的粗活,和小峻上学放学路上的照应,亚茜一个人是决然做不到的。并且我们中国人的生活程度还低,雇用一个下人,于经济上没有什么出入,因此就雇了这个老妈,不过在粗活上,受亚茜的指挥,并且亚茜每天晚上还教她念字片和《百家姓》,现在名片上的姓名和账上的字,也差不多认得一多半了。"

我想起了一件事,便说:"是了,那一天陈先生来见,给她名片,她就知道是姓陈。我很觉得奇怪,却不知是亚茜的学生。"

어머니가 셋째 오빠에게 "야첸이랑 샤오쥔은 모두 잘 있냐? 왜 놀러 안 오냐?" 등등을 계속해서 묻자, 셋째 오빠의 얼굴은 그제서야 비로소 웃는 표정으로 바뀌었고, 셋째 오빠는 그 흰 종이꽃을 떼어 내어 휴지통에 버렸다.

어머니가 말했다. "야첸은 너무 똑똑하고 일을 잘해. 대소사를 모두 자기가 직접 하려고 하니, 내가 보기에 그 애는 정말 너무 바쁘더라. 그런데도 난 한 번도 야첸이 일을 억지로 하는 태도를 보이거나, 다급해서 서두르거나 걱정하며 지친 것 같은 기색을 띠는 것을 본 적이 없어. 늘 기뻐하고 여유가 있지. 그 아인 정말 사랑스러워!" 셋째 오빠가 말했다. "지금은 어멈 하나를 써서 일손이 생겼어요. 본래 야첸의 생각은 아직 어멈을 쓰지 말자는 것이었지만, 제 생각에 온갖 잡일이랑 샤오쥔의 등하교 길 돌보는 일까지 야첸 혼자서는 절대로 해낼 수 없을 것 같아서요. 게다가 우리 중국인들은 아직 생활 수준이 낮아서 하인을 한 명 고용해도 경제적으로는 거의 손실이 없어요. 그래서 어멈을 고용했는데 그래도 힘든 일은 다 야첸의 지시를 받죠. 게다가 야첸은 매일 밤 어멈에게 글자랑『백가성』읽는 법을 가르쳐줘요. 그래서 이젠 어멈도 명함에 있는 이름이나 장부에 있는 글자들은 꽤나 알아보게 되었어요."

나는 한 가지 일이 생각나서 말했다. "맞아요. 그날 천 선생이 오빠를 보러 왔을 때 어멈에게 명함을 주자 어멈이 성이 천이라는 걸 알았어요. 난 이상하다고 생각하면서도 어멈이 야첸의 학생인 줄은 몰랐죠."

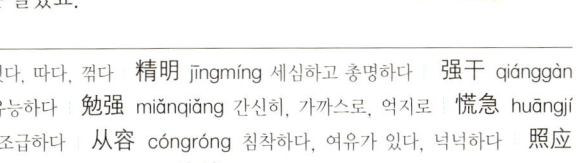

摘 zhāi 벗다, 따다, 꺾다　精明 jīngmíng 세심하고 총명하다　强干 qiánggàn 강건하고 유능하다　勉强 miǎnqiǎng 간신히, 가까스로, 억지로　慌急 huāngjí 황급하다, 조급하다　从容 cóngróng 침착하다, 여유가 있다, 넉넉하다　照应 zhàoying 돌보다, 보살펴 주다　决然 juérán 절대로, 도저히

三哥忽然叹了一口气说:"陈华民死了,今天开吊,我刚从那里回来。"——我才晓得那朵白纸花的来历,和三哥脸色不好的缘故——母亲说:"是不是留学的那个陈华民?"三哥说:"是。"母亲说:"真是奇怪,像他那么一个英俊的青年,也会死了,莫非是时症?"三哥说:"哪里是时症,不过因为他这个人,太聪明了,他的目的希望,也太过于远大。在英国留学的时候养精蓄锐的,满想着一回国,立刻要把中国旋转过来。谁知回国以后,政府只给他一名差遣员的缺,受了一月二百块钱无功的俸禄,他已经灰了一大半的心了。他的家庭又不能使他快乐,他就天天的拼酒,那一天他到我家里去,吓了我一大跳。从前那种可敬可爱的精神态度,都不知丢在哪里去了,头也垂了,眼光也散了,身体也虚弱了,我十分的伤心,就恐怕不大好,因此劝他常常到我家里来谈谈解闷,不要再拼酒了,他也不听。

开吊 kāidiào (상가에서 문상객들의) 조문을 받다 时症 shízhèng 유행병, 돌림병 养精蓄锐 yǎng jīng xù ruì 정기(精氣)를 배양하고 예기(銳氣)를 모으다, 역량을 축적하다 旋转 xuánzhuǎn 선회하다, 회전하다 俸禄 fènglù 봉록, 관리의 급료 셋째 오빠가 갑자기 한숨을 내쉬더니 말했다. "천화민이 죽었단다. 오늘 문상을 하고 나도 방금 그곳에서 돌아오는 길이야."—나는 비로소 그 하얀 종이꽃의 내력과 셋째 오빠의 안색이 그렇게 좋지 않았던 이유를 알 수 있었다—어머니가 "그 유학하고 온 천화민 말이냐?" 하고 묻자, 셋째 오빠는 "네" 하고 대답했다. "정말 이상하구나. 그렇게 훌륭한 청년도 죽게 되다니. 혹시 유행병이 아닐까?" 어머니가 말하자 셋째 오빠가 말했다. "유행병이라니요. 그저 그 사람이 너무 똑똑하고 목표와 희망이 너무 원대했던 탓이죠. 영국에서 유학할 때는 열심히 갈고 닦은 실력으로 귀국만 하면 당장 중국을 되돌려 놓겠다는 생각으로 가득 차 있었는데, 귀국 후에 정부에서 그에게 준 건 공석인 파견원 뿐이고, 매달 이백 위엔의 월급만 그저 하는 일 없이 받는 꼴이 될 줄 누가 알았겠어요. 그 사람은 이미 매우 낙심하고 있었어요. 게다가 그의 가정도 그를 행복하게 해주지 못하자 그는 날마다 술을 마셔댔죠. 그가 우리집에 왔던 날 전 깜짝 놀랐어요. 이전에 그렇게도 존경스럽고 사랑스럽던 정신적인 면모를 다 어디다 잃어버렸는지, 고개는 푹 떨구고 눈빛도 산만하고 몸도 허약해졌죠. 난 그의 상태가 그다지 좋지 않은 것 같아 무척 상심했어요. 그래서 그에게 종종 우리집에 와서 이야기나 하며 기분 전환을 하고, 더 이상 그렇게 술만 마셔대지는 말라고 권유했죠. 하지만 그는 듣지 않았어요.

并且说：'感谢你的盛意，不过我一到你家，看见你的儿女和你的家庭生活，相形之下，更使我心中难过，不如……'以下也没说什么，只有哭泣，我也陪了许多眼泪。以后我觉得他的身子，一天一天的软弱下去，便勉强他一同去到一个德国大夫那里去察验身体。大夫说他已得了第三期肺病，恐怕不容易治好。我更是担心，勉强他在医院住下，慢慢的治疗，我也天天去看望他。谁知上礼拜一晚上，我去看他就是末一次了……"说到这里，三哥的声音颤动的很厉害，就不再往下说。

　게다가 '자네 성의는 고맙네만, 난 자네 집에 와서 자네 아이와 자네 가정 생활을 보면, 비교가 되어 더더욱 마음이 슬퍼져서 차라리······' 하고 말하고는 더는 말을 하지 못하고 소리 내어 울기만 했어요. 나도 같이 많이 울었죠. 그 후에 난 그의 몸이 하루하루 쇠약해져 가는 걸 알았고, 그래서 억지로 그와 함께 독일 의사가 하는 병원에 가서 그에게 검사를 받게 했죠. 의사가 말하길 그는 이미 폐결핵 말기라서 고치기가 어려울 거라고 하더군요. 난 더더욱 걱정이 되어 그를 강제로 병원에 입원시키고 천천히 치료를 받게 했죠. 그리고 나도 매일같이 그를 보러 갔어요. 그런데 지난 주 월요일 저녁에 내가 그를 본 게 마지막이 될 줄 누가 알았겠어요······." 여기까지 말을 했을 때, 셋째 오빠의 말소리는 심하게 떨렸고, 더 이상 말을 잇지 못했다.

盛意 shèngyì 두터운 정 ｜ 相形之下 xiāngxíng zhī xià 비교해 보면 ｜ 哭泣 kūqì 흐느껴 울다, 훌쩍훌쩍 울다 ｜ 察验 cháyàn 관찰 검증하다 ｜ 颤动 chàndòng 진동하다, 흔들리다

母亲叹了一口气说:"可惜可惜!听说他的才干和学问,连英国的学生都很妒羡的。"三哥点一点头,也没有说什么。这时我想起陈太太来了,我问:"陈先生的家眷呢?"三哥说:"要回到南边去了。听说她的经济很拮据,债务也不能清理,孩子又小,将来不知怎么过活!"母亲说:"总是她没有受过学校的教育,否则也可以自立。不过她的娘家很有钱,她总不至于十分吃苦。"三哥微笑说:"靠弟兄总不如靠自己!"

三哥坐一会儿,便回去了,我送他到门口,自己回来,心中很有感慨。随手拿起一本书来看看,却是上学期的笔记,末页便是李博士的演说,内中的话就是论到家庭的幸福和苦痛,与男子建设事业能力的影响。

妒羡 dùxiàn 시기하고 부러워하다　　家眷 jiājuàn 가족, 가솔, 식구　　拮据 jiéjū (경제 형편이) 곤란하다, 옹색하다　　债务 zhàiwù 채무　　清理 qīnglǐ 깨끗이 정리하다, 청산하다　　娘家 niángjia 친정

 어머니는 한숨을 내쉬며 말했다. "안됐구나, 안됐어! 듣자 하니 그의 재주와 학문은 영국 학생들도 다 부러워했다던데." 셋째 오빠는 고개만 끄덕이며 아무 말도 하지 않았다. 이때 나는 천씨 부인 생각이 나서 물었다. "천 선생님네 식구들은요?" 셋째 오빠는 "남방으로 간단다. 듣자 하니 그녀의 경제 형편이 무척 어렵다는구나. 빚도 다 갚지 못했다는데, 아이들도 어리고, 앞으로 어떻게 살아나갈지 모르겠구나!" 하고 말했다. 어머니는 "어쨌든 그 여자가 학교 교육을 받은 적이 없어서 그렇지, 안 그러면 자립이라도 할 수 있으련만. 하지만 친정이 아주 부자라니 그렇게까지 고생을 하진 않겠지" 하고 말씀하셨다. 셋째 오빠가 웃으며 말했다. "형제에게 의지하는 건, 자신을 의지하는 것만 못하죠!"

 셋째 오빠는 잠시 앉아 있다가 돌아갔다. 나는 오빠를 문 앞까지 배웅하고 혼자 돌아왔다. 마음속에서 커다란 감개가 일었다. 손닿는 대로 책을 한 권 집고 보니 뜻밖에도 지난 학기에 쓴 노트였고, 노트의 마지막 페이지는 리 박사의 연설이었다. 그 속에 들어 있는 말은 바로 가정에서의 행복과 고통이 남자의 사회적 능력에 미치는 영향에 관한 것이었다.

연습문제 1

1 본문을 읽고 다음 물음에 답하시오.

(1) 下列句子符合原文意思的是 ——
   A. 作者一眼就认出了她的侄儿子峻
   B. 作者一下子就猜到这个小孩是她的侄儿子峻
   C. 作者一眼就看到这个很久没见面的侄儿子峻

(2) "红袖添香对译书"句中"红袖"指的是什么？
   A. 穿着红色衣服的人
   B. 戴着红袖章的人
   C. 美丽的女子

(3) 作者对"家庭与事业关系"的感触是 ——
   A. 幸福的家庭可以帮助人们成就事业
   B. 家庭的不幸是事业无法成功的原因
   C. 家庭的幸福与苦痛对于事业的成就有着极大的影响

2 본문의 내용과 일치하면 ○, 다르면 ×표를 하시오.

(1) 小峻是个大胆的孩子，从来不知什么叫做害怕。（　）
(2) 陈先生总是觉得英雄无用武之地，故而意志消沉。（　）
(3) 作者的母亲是很喜欢亚茜的，只是觉得她太过于精明强干了。（　）

모범답안 188페이지

3 녹음을 듣고 빈칸에 들어갈 말을 써 넣으시오.

(1) 昨天陈先生和陈太太(　　), 说陈太太不像一个(　　)。

(2) 他不得不寻那剧场酒馆热闹(　　)的地方，想以猛烈的(　　)，来冲散心中的烦恼。

(3) 听说她的经济很(　　)，债务也不能(　　)。

4 다음 문장을 자연스러운 우리말로 옮기시오.

(1) 陈先生在廊子上踱来踱去，微微的叹气，一会子又坐下。
⋯▶

(2) 夕阳西下，一抹晚霞，映着那灿烂的花，青绿的草，这院子里，好像一个小乐园。
⋯▶

5 다음 문장을 자연스러운 중국어로 옮기시오.

(1) 내가 막 돌아서는데 외숙모가 앞쪽에서 오셨다.
⋯▶

(2) 그는 눈을 비비더니 일어났고, 나는 그의 손을 잡고 함께 침실로 들어갔다.
⋯▶

超人

何彬是一个冷心肠的青年,从来没有人看见他和人有什么来往。他住的那一座大楼上,同居的人很多,他却都不理人家,也不和人家在一间食堂里吃饭,偶然出入遇见了,轻易也不招呼。邮差来的时候,许多青年欢喜跳跃着去接他们的信,何彬却永远得不着一封信。他除了每天在局里办事,和同事们说几句公事上的话;以及房东程姥姥替他端饭的时候,也说几句照例的应酬话,此外就不开口了。

心肠 xīncháng 마음씨, 기질, 인정   邮差 yóuchāi 옛날 우편 집배원   跳跃 tiàoyuè 뛰어오르다, 도약하다   局 jú 관청이나 회사 등의 부서   姥姥 lǎolao (외)할머니   端 duān 두 손으로 가지런히 (받쳐) 들다   照例 zhàolì 관례에 따르다, 예전대로 하다   应酬 yìngchou 교제(하다), 응대(하다)

초인

 허빈은 마음이 차가운 청년이다. 아무도 허빈이 사람들과 왕래하는 것을 본 적이 없다. 그가 사는 건물에는 함께 사는 사람들이 많았지만 그는 사람들에게 아는 체하지 않았고, 사람들과 같은 식당에서 밥을 먹지도 않았으며, 들어오고 나가는 길에 우연히 만나도 좀처럼 인사를 건네는 일이 없었다. 우체부가 오면 많은 청년들이 기뻐서 펄쩍펄쩍 뛰며 편지를 받아 가지만, 허빈은 언제고 편지 한 통 받은 적이 없다. 그는 매일 직장에서 일을 하면서 동료들과 사무적인 이야기를 몇 마디 나누는 것과 집 주인인 청 할머니가 그에게 밥을 가져다 줄 때 의례적인 인사말 몇 마디를 하는 것 말고는 입을 열지 않았다.

他不但是和人没有交际,凡带一点生气的东西,他都不爱;屋里连一朵花,一根草,都没有,冷阴阴的如同山洞一般。书架上却堆满了书。他从局里低头独步的回来,关上门,摘下帽子,便坐在书桌旁边,随手拿起一本书来,无意识的看着,偶然觉得疲倦了,也站起来在屋里走了几转,或是拉开帘幕望了一望,但不多一会儿,便又闭上了。

程姥姥总算是他另眼看待的一个人;她端进饭去,有时便站在一边,絮絮叨叨的和他说话,也问他为何这样孤零。她问上几十句,何彬偶然答应几句说:"世界是虚空的,人生是无意识的。人和人,和宇宙,和万物的聚合,都不过如同演剧一般:上了台是父子母女,亲密的了不得;下了台,摘下假面具,便各自散了。哭一场也是这么一回事,笑一场也是这么一回事,与其互相牵连,不如互相遗弃;而且尼采说得好,爱和怜悯都是恶……"

그는 사람들과 교제가 없을 뿐만 아니라, 무릇 조금이라도 생기를 띠고 있는 것이라면 어느 것도 좋아하지 않았다. 방 안은 꽃 한 송이, 풀 한 포기 없이 마치 동굴처럼 음침했다. 그러나 책꽂이에는 책이 가득 쌓여 있었다. 그는 고개를 숙인 채로 직장에서 혼자 걸어 돌아와서, 문을 닫고 모자를 벗고는 곧 책상 옆에 앉아 손닿는 대로 책 하나를 집어 들고는 무의식적으로 보았다. 가끔 피곤하다고 느껴지면 또 일어나 방 안을 몇 바퀴 거닐거나 혹은 커튼을 젖히고 바깥을 한번 바라보고는 얼마 안 있다가 다시 닫아 버리곤 했다.

청 할머니는 어쨌든 그가 좀 특별하게 대하는 사람인 셈이다. 할머니는 밥을 들고 들어와서 가끔 한쪽에 서서 주절주절 그에게 이야기를 늘어놓았고, 그에게 왜 이렇게 쓸쓸하게 지내느냐고 물어보기도 했다. 청 할머니가 수십 마디를 물으면 허빈은 어쩌다 몇 마디 대꾸할 뿐이었다. "세상이란 게 다 허무한 거죠. 산다는 건 그저 무의식적인 거구요. 사람이 사람이랑 우주랑 만물이랑 한데 모여 있는 건, 모두 단지 연극 같은 것일 뿐이죠. 무대에 올라가면 부모 자식이 되어 서로 친밀하기 그지 없지만, 무대에서 내려와 가면을 벗고 나면 이내 각각 흩어지고 마는 거지요 한바탕 우는 것도 그런 거고, 한바탕 웃는 것도 그런 거고, 그러니 서로 연관을 짓는 것보다 차라리 서로 포기하는 게 낫죠. 니체도 얘기했죠, 사랑과 연민은 모두 다 죄라고……."

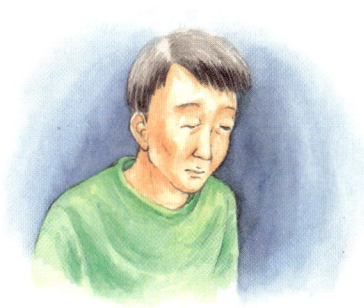

帘幕 liánmù 장막, 커튼   另眼看待 lìng yǎn kàn dài 특별 대우하다, 다른 눈초리로 바라보다   絮叨 xùdao 말이 많다, 수다스럽다   孤零 gūlíng 외롭다, 고독하다, 쓸쓸하다   牵连 qiānlián 연루되다, 연결되어 있다   遗弃 yíqì 버리다, 포기하다, (응당 돌보아 주어야 할 사람을) 돌보지 않다   怜悯 liánmǐn 불쌍히 여기다, 동정하다

程姥姥听着虽然不很明白,却也懂得一半,便笑道:"要这样,活在世上有什么意思?死了,灭了,岂不更好,何必穿衣吃饭?"他微笑道:"这样,岂不又太把自己和世界都看重了。不如行云流水似的,随它去就完了。"程姥姥还要往下说话,看见何彬面色冷然,低着头只管吃饭,也便不敢言语。

这一夜他忽然醒了。听得对面楼下凄惨的呻吟着,这痛苦的声音,断断续续的,在这沉寂的黑夜里只管颤动。他虽然毫不动心,却也搅得他一夜睡不着。月光如水,从窗纱外泻将进来,他想起了许多幼年的事情,——慈爱的母亲,天上的繁星,院子里的花……他的脑子累极了,极力的想摈绝这些思想,无奈这些事只管奔凑了来,直到天明,才微微的合一合眼。

他听了三夜的呻吟,看了三夜的月,想了三夜的往事——

청 할머니는 듣고서 비록 아주 잘 이해하지 못했지만 그래도 절반은 이해하고 웃으면서 말했다. "그렇다면 세상에서 사는 게 무슨 의미가 있어? 죽어 버리거나, 없어져 버리면 그게 더 좋지 않겠어? 구태여 꼭 옷을 입고 밥을 먹고 할 필요가 어디 있어?" 그는 미소를 지으며 말했다. "그렇게 한다면 그것 또한 자신과 세상을 너무 중요하게 생각하는 게 아니겠어요? 그저 구름이 지나가듯, 물이 흐르듯, 가는 대로 가면 그만이죠." 청 할머니는 더 말을 이으려다가 허빈이 냉랭한 얼굴로 고개를 숙인 채 먹는 것에만 신경을 쓰고 있는 모습을 보고는 감히 더 이야기를 하지 못했다.

그날 밤 허빈은 갑자기 잠에서 깨어났다. 맞은편 건물 아래층에서 처량한 신음 소리가 들려왔다. 그 고통스러운 소리는 끊어졌다 이어졌다 하면서 이 적막하고 어두운 밤에 끊임없이 울려대고 있었다. 그는 비록 마음의 동요는 전혀 없었지만 그 소리는 밤새도록 그를 방해하여 잠들지 못하게 했다. 달빛이 물처럼 창의 커튼 밖에서 쏟아져 들어왔다. 그는 무수히 많은 어린 시절의 일들을 떠올렸다. ─자애로운 어머니, 하늘의 뭇 별들, 정원의 꽃들⋯⋯. 그의 머리가 극도로 피곤해졌고, 그는 힘껏 이런 생각들을 없애 버리려 했지만 이런 생각들이 몰려오는 걸 어쩌지 못하다가, 날이 밝을 때가 되어서야 겨우 잠시 눈을 붙였다.

그는 사흘 밤 동안 신음을 들었고, 사흘 밤 동안 달을 보았고, 사흘 밤 동안 지나간 일들을 생각했다.

岂 qǐ 어찌 ~하겠는가, 어떻게 ~하겠는가 凄惨 qīcǎn 처량하고 비참하다, 처참하다 呻吟 shēnyín 신음(하다) 断续 duànxù 끊어졌다 이어졌다 하다, 단속적으로 하다 沉寂 chénjì 고요하다, 적막하다 动心 dòng xīn 마음이 동요되다, 마음을 움직이다 搅 jiǎo 훼방을 놓다, 방해하다 窗纱 chuāngshā 창문에 치는 얇은 망사나 가는 철사망 泻 xiè 빨리 흐르다, 내리 퍼붓다 摈绝 bìnjué 없애다, 배제하다 奔凑 bēncòu 갈마들다, 모여들다 微微 wēiwēi 조금, 약간, 살짝

眠食都失了次序，眼圈儿也黑了，脸色也惨白了。偶然照了照镜子，自己也微微的吃了一惊，他每天还是机械似的做他的事——然而在他空洞洞的脑子里，平空添了一个深夜的病人。

第七天早起，他忽然问程姥姥对面楼下的病人是谁？程姥姥一面惊讶着，一面说："那是厨房里跑街的孩子禄儿，那天上街去了，不知道为什么把腿摔坏了，自己买块膏药贴上了，还是不好，每夜呻吟的就是他。这孩子真可怜，今年才十二岁呢，素日他勤勤恳恳极疼人的……"何彬自己只管穿衣戴帽，好像没有听见似的，自己走到门边。程姥姥也住了口，端起碗来，刚要出门，何彬慢慢的从袋里拿出一张钞票来，递给程姥姥说："给那禄儿罢，叫他请大夫治一治。"说完了，头也不回，径自走了。——程姥姥一看那巨大的数目，不禁愕然，何先生也会动起慈悲念头来，这是破天荒的事情呵！她端着碗，站在门口，只管出神。

먹고 자는 게 모두 엉망이 되어, 눈가도 검게 되었고 얼굴색도 창백해졌다. 그는 우연히 자신을 거울에 비춰 보고 스스로도 조금 놀랐다. 그는 매일 여전히 기계적으로 자신의 일을 했지만, 그의 텅 빈 머릿속에는 공연히 한밤중에 앓던 그 환자 생각만이 더해갔다.

일곱 째 날 아침에 일어나 그는 갑자기 청 할머니에게 맞은편 아래층의 환자가 누구냐고 물었다. 청 할머니는 놀라면서 말했다. "그건 주방에서 바깥 심부름을 하는 아이 루얼이라우. 그날 거리로 나갔다가 어떻게 된 건지 넘어져서 다리를 다쳤는데, 자기가 고약을 사다 붙였는데도 여전히 좋지가 않아 매일 밤 신음하는 게 그 애라우. 그 아인 참 불쌍하기도 하지, 올해 겨우 열두 살인데. 평소에도 부지런하고 성실하고, 얼마나 끔찍이 사람들을 아끼는지……." 허빈은 옷 입고 모자 쓰는 일에만 신경을 쓰고는 마치 듣지 못한 것처럼 혼자 문가로 걸어갔다. 청 할머니도 입을 다물고 밥그릇을 들고 막 문을 나서려는데, 허빈이 천천히 주머니에서 지폐 한 장을 꺼내더니 청 할머니에게 건네주며 말했다. "그 루얼한테 주고, 의사한테 가서 치료를 받으라고 하세요." 말을 마치고 허빈은 고개도 돌리지 않고 곧바로 나가 버렸다. 청 할머니는 돈의 액수가 큰 것을 보고 놀라지 않을 수 없었다. 허 선생한테서도 이런 자비로운 마음이 일어날 수 있다니, 이거야 말로 천지가 개벽할 노릇이지! 청 할머니는 밥그릇을 받쳐 들고 정신이 나간 채로 문 앞에 서 있었다.

平空 píngkōng 근거 없이, 터무니 없이, 공연히 [=凭空]　跑街 pǎojiē 외근하다　素日 sùrì 평소, 평상시　勤恳 qínkěn 근면하다, 부지런하다　住口 zhù kǒu 입을 다물다, 말을 그만두다　愕然 èrán 놀라는 모양　破天荒 pòtiānhuāng 파천황, 미증유, 전대미문

呻吟的声音,渐渐的轻了,月儿也渐渐的缺了。何彬还是朦朦胧胧的——慈爱的母亲,天上的繁星,院子里的花……他的脑子累极了,竭力的想摈绝这些思想,无奈这些事只管奔凑了来。

过了几天,呻吟的声音住了,夜色依旧沉寂着,何彬依旧"至人无梦"的睡着。前几夜的思想,不过如同晓月的微光,照在冰山的峰尖上,一会儿就过去了。

程姥姥带着禄儿几次来叩他的门,要跟他道谢;他好像忘记了似的,冷冷的抬起头来看了一看,又摇了摇头,仍去看他的书。禄儿仰着黑胖的脸,在门外张着,几乎要哭了出来。

　신음 소리는 점점 작아졌고 달도 점점 기울어갔다. 허빈은 여전히 몽롱한 상태였다. ―자애로운 어머니, 하늘의 뭇 별들, 정원의 꽃……. 그의 머릿속이 극도로 피곤해졌고 그는 힘껏 그런 생각들을 없애려고 했지만 이런 생각늘이 몰려오는 걸 어쩔 수 없었다.

　며칠이 지난 후 신음 소리는 멎었고, 밤빛은 전처럼 고요한 가운데, 허빈은 전처럼 '아무 꿈도 꾸지 않고' 편안하게 잠이 들었다. 지난 며칠 밤동안 떠올랐던 생각들은 마치 새벽달의 미미한 빛이 빙산의 꼭대기를 비추다가 조금 지나고 나면 곧 지나가 버리는 것처럼 지나갔다.

　청 할머니는 루얼을 데리고 와서 몇 번이나 그의 방문을 두드리고 그에게 고맙다는 이야기를 하려고 했지만, 그는 마치 다 잊어버린 듯이 냉랭하게 고개를 들어 한번 쳐다보고 다시 고개를 가로 젓고는 여전히 보던 책만 보았다. 루얼은 검고 통통한 얼굴을 들고 문 밖에서 바라보다가 거의 울음을 터뜨릴 뻔했다.

至人无梦 zhì rén wú mèng 지인은 허망한 꿈을 꾸지 않는다, 아무 꿈도 꾸지 않고 잘 자다　**叩** kòu 두드리다, 치다　**张** zhāng 열다, 펴다, 보다

这一天晚饭的时候，何彬告诉程姥姥说他要调到别的局里去了，后天早晨便要起身，请她将房租饭钱，都清算一下。程姥姥觉得很失意，这样清净的住客，是少有的，然而究竟留他不得，便连忙和他道喜。他略略的点一点头，便回身去收拾他的书籍。

他觉得很疲倦，一会儿便睡下了。——忽然听得自己的门钮动了几下，接着又听见似乎有人用手推的样子。他不言不动，只静静的卧着，一会儿也便渺无声息。

第二天他自己又关着门忙了一天，程姥姥要帮助他，他也不肯，只说有事的时候再烦她。程姥姥下楼之后，他忽然想起一件事来，绳子忘了买了。慢慢的开了门，只见人影儿一闪，再看时，禄儿在对面门后藏着呢。他踌躇着四围看了一看，一个仆人都没有，便唤："禄儿，你替我买几根绳子来。"禄儿赳赳的走过来，欢天喜地的接了钱，如飞走下楼去。

그날 저녁 식사 때 허빈은 청 할머니에게 그가 다른 근무처로 전근 가게 되어 모레 아침에 떠나야 하니 방세랑 밥값을 모두 계산해 달라고 말했다. 청 할머니는 무척 실망스러웠다. 이렇게 깨끗한 숙박 손님은 드물었던 것이다. 하지만 어쨌든 그를 붙잡아 둘 수도 없는 터라 이내 축하의 말을 전했다. 그는 대충 고개를 끄덕이고는 몸을 돌려 자신의 책들을 정리하러 갔다.

그는 무척 피곤해서 잠시 후 곧 잠이 들었다. —갑자기 자기 방의 문고리가 몇 번 움직이는 소리가 들렸고, 이어 누군가가 방문을 손으로 미는 것 같은 소리가 들렸다. 그는 아무 말도 하지 않고 꼼짝도 하지 않은 채 가만히 누워 있기만 했고, 잠시 후에는 아무 기척도 없어졌다.

다음 날 그는 또 혼자서 문을 닫고 들어앉아 하루 종일 바쁘게 보냈다. 청 할머니가 그를 도와주려 했지만 그는 그렇게 하지 않았고, 일이 있으면 그때 다시 도움을 청하겠노라고만 말했다. 청 할머니가 아래층으로 내려가고 난 뒤, 그는 갑자기 한 가지 일이 생각났다. 끈 사는 걸 잊어버렸던 것이다. 천천히 문을 열어 보니 사람 그림자가 언뜻 보이는 것 같더니, 다시 보니 루얼이 맞은편 문 뒤에 숨어 있는 것이었다. 그는 머뭇거리며 사방을 둘러보다 하인이 하나도 보이지 않자 "루얼, 너 끈 몇 가닥만 좀 사다 주렴" 하며 루얼을 불렀다. 루얼은 주저주저하며 걸어오더니 몹시 기뻐하며 돈을 받아들고는 나는 듯이 아래층으로 내려갔다.

道喜 dào xǐ 축하하다   略略 lüèlüè 대강, 약간   门钮 ménniǔ 문 손잡이   渺无声息 miǎo wú shēng xī 아무런 소식[기척]이 없다   踌躇 chóuchú 망설이다, 주저하다   趑趄 zījū 머뭇거리다, 주저하다   欢天喜地 huān tiān xǐ dì 몹시 기뻐하다

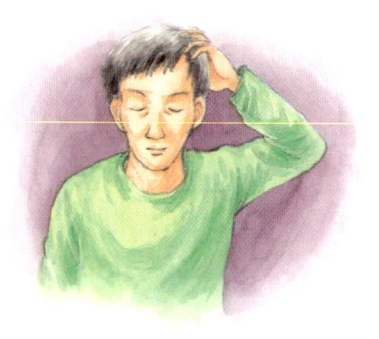

不一会儿,禄儿跑得通红的脸,喘息着走上来,一只手拿着绳子,一只手背在身后,微微露着一两点金黄色的星儿。他递过了绳子,仰着头似乎要说话,那只手也渐渐的回过来。何彬却不理会,拿着绳子自己走进去了。

他忙着都收拾好了,握着手周围看了看,屋子空洞洞的——睡下的时候,他觉得热极了,便又起来,将窗户和门,都开了一缝,凉风来回的吹着。

"依旧热得很。脑筋似乎很杂乱,屋子似乎太空沉。 ——累了两天了,起居上自然有些反常。但是为何又想起深夜的病人。 ——慈爱的……,不想了,烦闷的很!"

微微的风,吹扬着他额前的短发,吹干了他头上的汗珠,也渐渐的将他扇进梦里去。

잠시 후 루얼은 뛰어서 얼굴이 온통 빨갛게 된 채로 숨을 헐떡이며 걸어 올라왔다. 한 손에는 끈을 들고 다른 한 손은 등 뒤로 감추고 있었는데, 금빛 별 같은 것 한두 개가 살짝 보였다. 루얼은 끈을 건네주고는 고개를 들고 무언가 말을 하려고 하면서, 뒤로 감추었던 손도 차츰 제자리로 돌렸다. 그러나 허빈은 전혀 아랑곳하지 않고 끈을 들고는 혼자 들어가 버렸다.

허빈은 서둘러 짐을 다 싸놓고는 두 손을 맞잡고 주위를 한번 돌아보았다. 방 안은 텅 비어 있었다. 잠을 자려고 하는데 너무 덥다는 생각이 들어 다시 일어나 창문이랑 문을 모두 조금씩 열어 놓았다. 시원한 바람이 오가며 불어 왔다.

"여전히 무척 덥구나. 머릿속은 너무 어지러운 것 같고, 방도 너무 텅 비어 적막한 것 같고. ―이틀 동안 힘들게 일했더니, 일상생활도 자연히 정상이 아니지. 그런데 왜 또 그날 밤 그 환자가 생각나는 걸까―자애로운……, 생각하지 말아야지, 정말 답답하군!"

산들바람이 그의 이마 위 짧은 머리카락을 불어 날리고, 그의 머리에 맺힌 땀방울을 말리더니 천천히 그를 부채질하여 꿈속으로 데려갔다.

喘息 chuǎnxī 헐떡 거리다, 숨차다, 잠깐 쉬다 星儿 xīngr 부스러기, 방울, 별처럼 작은 것 递过 dìguo 건네주다, 내주다 缝 fèng 틈, 간극, (옷의) 솔기 起居 qǐjū 일상생활 反常 fǎncháng 비정상적이다 汗珠 hànzhū 땀방울

四面的白壁，一天的微光，屋角几堆的黑影。时间一分一分的过去了。

慈爱的母亲，满天的繁星，院子里的花。不想了，——烦闷……闷……

黑影漫上屋顶去，什么都看不见了，时间一分一分的过去了。

风大了，那壁厢放起光明。繁星历乱的飞舞进来。星光中间，缓缓的走进一个白衣的妇女，右手撩着裙子，左手按着额前。走近了，清香随将过来；渐渐的俯下身来看着，静穆不动的看着，——目光里充满了爱。

神经一时都麻木了！起来罢，不能，这是摇篮里，呀！母亲，——慈爱的母亲。

母亲呵！我要起来坐在你的怀里，你抱我起来坐在你的怀里。

母亲呵！我们只是互相牵连，永远不互相遗弃。

渐渐的向后退了，目光仍旧充满了爱。模糊了，星落如雨，横飞着都聚到屋角的黑影上。

사면의 흰 벽, 온 하늘의 어슴 프레한 빛, 방 구석구석에 쌓인 검은 그림자들. 시간은 일 분 일 분 지나갔다.

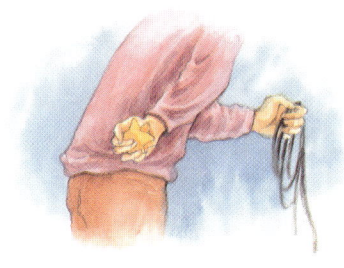

자애로운 어머니, 하늘 가득한 뭇 별들, 정원의 꽃, 생각하지 말자, ─답답해……답답해…….

검은 그림자가 지붕까지 퍼져 아무 것도 보이지 않게 되었고, 시간은 일 분 일 분 지나갔다.

바람이 거세지고, 저쪽에서 빛이 발산되어 나왔다. 뭇 별들이 어지럽게 춤을 추며 날아 들어왔다. 별빛 사이로 흰 옷을 입은 여인이 오른손으론 치마를 걷어 올리고 왼손으론 이마를 짚고 천천히 걸어 들어왔다. 가까이 오자, 맑은 향기가 함께 전해져 왔다. 차츰차츰 몸을 숙이고 바라보고 있으며, 꼼짝도 하지 않고 바라보고 있다. ─그 눈빛 속에는 사랑이 가득했다.

순간적으로 신경이 마비되었다! 일어나자, 할 수 없어, 여기는 요람 안이야. 아! 어머니, ─자애로운 어머니.

어머니! 저는 일어나 당신의 품안에 안기렵니다. 나를 안아 일으켜 당신의 품안에 앉혀 주세요.

어머니! 우리는 서로 연결되어 있기만 할 뿐, 영원히 서로를 버릴 순 없습니다.

어머니의 모습이 차츰 뒤로 물러갔다. 눈빛은 여전히 사랑으로 가득 차 있었다. 희미해지고, 별들은 비처럼 떨어져서, 이리저리로 날아다니다가 모두 방구석의 검은 그림자 위로 모여들었다.

烦闷 fánmèn 번민(하다), 고민(하다)　漫 màn 가득하다, 두루 퍼져 있다, (물이) 넘치다, 침수되다　屋顶 wūdǐng 천정　壁厢 bìxiāng 곳, 근처, 부근　历乱 lìluàn 어지럽다, 너저분하다　撩 liāo (물건의 늘어진 부분을) 걷어올리다, 치켜들다　麻木 mámù 마비되다, 저리다

"母亲呵,别走,别走!……"

十几年来隐藏起来的爱的神情,又呈露在何彬的脸上;十几年来不见点滴的泪儿,也珍珠般散落了下来。

清香还在,白衣的人儿还在。微微的睁开眼,四面的白壁,一天的微光,屋角的几堆黑影上,送过清香来。——刚动了一动,忽然觉得有一个小人儿,蹑手蹑脚的走了出去,临到门口,还回过小脸儿来,望了一望。他是深夜的病人——是禄儿。

何彬竭力的坐起来。那边捆好了的书籍上面,放着一篮金黄色的花儿。他穿着单衣走了过去,花篮底下还压着一张纸,上面大字纵横,借着微光看时,上面是:

蹑手蹑脚 niè shǒu niè jiǎo 살금살금 걷는 모양　**竭力** jié lì 진력하다　**纵横** zònghéng (글, 그림 따위가) 자유자재하다, 거침없이 내닫다

"어머니, 가지 마세요, 가지 마세요!……"

십여 년 동안 감추어져 있던 사랑의 표정이 다시 허빈의 얼굴에 나타났다. 십여 년 동안 보지 못했던 눈물방울들이 진주처럼 흩어지며 떨어져 내렸다.

맑은 향기는 여전히 그대로 아직 남아 있고, 흰 옷을 입은 사람도 아직 있었다. 살짝 눈을 떠보니 사방의 흰 벽과 온 하늘의 어슴프레한 빛, 방 구석에 쌓여 있는 검은 그림자 위로 맑은 향기가 전해져 왔다. —막 몸을 움직였는데 문득 어떤 작은 사람이 살금살금 걸어 나가더니 문 앞까지 가서는 작은 얼굴을 한번 돌려 바라보는 것이 느껴졌다. 그는 그 한밤중 환자였던 루얼이었다.

허빈은 있는 힘을 다해 일어나 앉았다. 저쪽에 묶어 놓은 책들 위에 황금색 꽃이 담긴 꽃바구니가 놓여져 있었다. 그는 홑옷을 걸치고 그리로 가 보았다. 꽃바구니 밑에는 종이 한 장이 눌려 있었고, 거기에는 큰 글씨가 거침없이 쓰여 있었다. 희미한 빛에 비추어 보니 거기에는 이렇게 쓰여 있었다.

我也不知道怎样可以报先生的恩德。我在先生门口看了几次，桌子上都没有摆着花儿。——这里有的是卖花的，不知道先生看见过没有？——这篮子里的花，我也不知道是什么名字，是我自己种的，倒是香得很，我最爱它。我想先生也必是爱它。我早就要送给先生了，但是总没有机会。昨天听见先生要走了，所以赶紧送来。

　　我想先生一定是不要的。然而我有一个母亲，她因为爱我的缘故，也很感激先生。先生有母亲么？她一定是爱先生的。这样我的母亲和先生的母亲是好朋友了。所以先生必要收母亲的朋友的儿子的东西。

禄儿叩上

　선생님의 은혜에 어떻게 보답해야 할지 저도 잘 모르겠습니다. 선생님 방문 앞에서 몇 번 보았는데, 탁자 위에 꽃이 놓여져 있지 않더군요. 이곳에는 널린 것이 꽃 파는 집이거든요. 선생님께선 보신 적이 있는지 모르겠네요? 이 바구니의 꽃은 저도 이름이 뭔지 모릅니다. 제가 직접 심은 건데요, 향이 아주 좋아서 제가 제일 좋아한답니다. 제 생각에 선생님도 틀림없이 좋아하실 것 같아 일찌감치 선생님께 드리려고 했지만 늘 기회가 없었습니다. 어제 선생님께서 떠나시려 한다는 말을 듣고 부리나케 가져 온 것입니다.

　선생님은 분명 필요 없다 하시겠지요. 하지만 제겐 어머니가 있고, 어머니는 저를 사랑하시는 까닭에 선생님께도 역시 무척 감사하고 있습니다. 선생님도 어머님이 계신가요? 그렇다면 그분도 틀림없이 선생님을 사랑하실 겁니다. 그렇기에 저의 어머니와 선생님의 어머님은 좋은 친구가 됩니다. 그러니 선생님은 어머니의 친구의 아들이 드리는 선물을 반드시 받으셔야 합니다.

　　　　　　　　　　　　　　　　　　　　루얼 배상

何彬看完了，捧着花儿，回到床前，什么定力都尽了，不禁呜呜咽咽的痛哭起来。

清香还在，母亲走了！窗内窗外，互相辉映的，只有月光，星光，泪光。

早晨程姥姥进来的时候，只见何彬都穿着好了，帽儿戴得很低，背着脸站在窗前。程姥姥陪笑着问他用不用点心，他摇了摇头。——车也来了，箱子也都搬下去了，何彬泪痕满面，静默无声的谢了谢程姥姥，提着一篮的花儿，遂从此上车走了。禄儿站在程姥姥的旁边，两个人的脸上，都堆着惊讶的颜色。看着车尘远了，程姥姥才回头对禄儿说："你去把那间空屋子收拾收拾，再锁上门罢，钥匙在门上呢。"

屋里空洞洞的，床上却放着一张纸，写着：

小朋友禄儿：

我先要深深的向你谢罪，我的恩德，就是我的罪恶。你说你要报答我，我还不知道我应当怎样的报答你呢！

편지를 다 읽고 난 뒤 허빈은 꽃을 받쳐 들고 침대 앞으로 돌아와서는 모든 힘이 다 빠져나가 버린 채 자기도 모르게 오열하며 통곡하였다.

맑은 향기는 여전히 남아 있지만, 어머니는 떠나가셨다! 창 안에서, 창 밖에서 서로 비추고 있는 것은 오직 달빛과 별빛과 눈물빛뿐이다.

아침 일찍 청 할머니가 들어왔을 때는 허빈이 옷을 다 입고 모자를 눌러 쓰고는 얼굴을 등진 채 창 앞에 서 있는 모습만이 보였다. 청 할머니는 웃음을 띤 채로 그에게 간단한 아침 식사를 하겠느냐고 물었고 그는 고개를 가로 저었다. 차도 왔고 상자도 모두 아래로 옮겨 놓았다. 허빈은 온통 눈물 자국인 얼굴로 아무 말 없이 청 할머니에게 고맙다고 하고는 꽃바구니를 들고 마침내 여기에서 차를 타고 가 버렸다. 루얼은 청 할머니 옆에 서 있었고, 두 사람의 얼굴에는 모두 놀라는 빛이 역력했다. 차의 먼지가 멀어진 걸 보고 청 할머니는 그제서야 비로소 고개를 돌려 루얼에게 말했다. "너 가서 그 빈 방을 정리하고 문을 잠그거라, 열쇠는 문 위에 있단다."

방 안은 텅텅 비어 있었는데, 침대 위에는 뜻밖에도 종이 한 장이 놓여져 있었고 거기에는 이렇게 쓰여져 있었다.

어린 친구 루얼에게

난 먼저 너에게 깊이 사죄를 하려고 한다. 내가 베푼 은혜라는 것이 바로 나의 죄악이라는 걸. 넌 네가 나에게 보답을 해야 한다고 말했지만, 난 아직도 내가 어떻게 네게 보답을 해야 할지 모르겠구나.

辉映 huīyìng 눈부시게 비치다, 빛나다 **泪痕** lèihén 눈물 흔적[자국]

你深夜的呻吟，使我想起了许多的往事。头一件就是我的母亲，她的爱可以使我止水似的感情，重又荡漾起来。我这十几年来，错认了世界是虚空的，人生是无意识的，爱和怜悯都是恶德。我给你那医药费，里面不含着丝毫的爱和怜悯，不过是拒绝你的呻吟，拒绝我的母亲，拒绝了宇宙和人生，拒绝了爱和怜悯。上帝呵！这是什么念头呵！

我再深深的感谢你从天真里指示我的那几句话。小朋友呵！不错的，世界上的母亲和母亲都是好朋友，世界上的儿子和儿子也都是好朋友，都是互相牵连，不是互相遗弃的。

你送给我那一篮花之先，我母亲已经先来了。她带了你的爱来感动我。我必不忘记你的花和你的爱，也请你不要忘了，你的花和你的爱，是借着你朋友的母亲带了来的！

荡漾 dàngyàng 넘실거리다, 물결치다

한밤중의 너의 신음은 나로 하여금 많은 지난 일들을 생각나게 했단다. 제일 먼저 생각난 것이 바로 나의 어머니였지. 어머니의 사랑은 흐르지 않는 물 같던 나의 감정을 다시금 출렁이게 할 수 있었단다. 나는 지난 십여 년 동안 세상은 공허한 것이며 인생은 무의식적인 것이고, 사랑과 연민은 모두 죄악이라고 잘못 생각해 왔단다. 내가 네게 치료비를 주었지만 그 속에는 사랑이나 연민은 조금도 담겨 있지 않았다. 그것은 단지 너의 신음을 거절하고 나의 어머니를 거절하고 우주와 인생을 거절하고 사랑과 연민을 거절한 것이다. 하나님이시여! 이게 대체 무슨 생각입니까!

나는 네가 천진함 속에서 내게 가르쳐준 그 몇 마디 말에 다시금 깊이 감사한단다. 어린 친구야! 맞다, 세상의 어머니와 어머니는 모두 좋은 친구이고, 세상의 아들과 아들도 모두 좋은 친구이지. 모두 서로 연결되어 있는 것이고, 서로를 버리는 것이 아니지.

네가 내게 그 꽃바구니를 선사하기 전에 나의 어머니가 먼저 오셨었다. 어머니는 너의 사랑을 가지고 와서 나를 감동시키셨지. 난 결코 네가 준 꽃과 사랑을 잊지 않을 것이다. 너도 부디 잊지 말아주렴. 너의 꽃과 너의 사랑은 네 친구의 어머니를 통해서 가져와 진 것이란 걸!

我是冒罪丛过的，我是空无所有的，更没有东西配送给你。——然而这时伴着我的，却有悔罪的泪光，半弦的月光，灿烂的星光。宇宙间只有它们是纯洁无疵的。我要用一缕柔丝，将泪珠儿穿起，系在弦月的两端，摘下满天的星儿来盛在弦月的圆凹里，不也是一篮金黄色的花儿么？它的香气，就是悔罪的人呼吁的言词，请你收了罢。只有这一篮花配送给你！

　　天已明了，我要走了。没有别的话说了，我只感谢你，小朋友，再见！再见！世界上的儿子和儿子都是好朋友，我们永远是牵连着呵！

　　　　　　　　　　　　　　　何彬草

　　我写了这一大段，你未必都认得都懂得；然而你也用不着都懂得，因为你懂得的，比我多得多了！又及。

"他送给我的那一篮花儿呢?"禄儿仰着黑胖的脸儿，呆呆的望着天上。

나는 많은 죄를 저질렀고, 나는 아무것도 가진 것이 없고, 너에게 줄 만한 것은 더더욱 없단다. 그러나 지금 내게 있는 건 도리어 참회의 눈물빛이며 초승달의 달빛, 찬란한 별빛이란다. 우주에서는 오직 그것들만이 순결하고 흠이 없지. 난 한 가닥 부드러운 실로 눈물의 구슬을 엮어 초승달의 양 끝에 묶고, 하늘 가득한 별을 따서 초승달의 그 둥글게 파인 안쪽에 채우련다. 그러면 그것 또한 황금색 꽃바구니가 되지 않겠니? 그것의 향기는 바로 참회하는 사람의 호소하는 말이니 네가 받아주렴. 오직 이 꽃바구니만이 네게 바쳐질 자격이 있구나.

날이 이미 밝았고, 난 떠나야 한다. 다른 할 말은 없다. 난 오직 너에게 감사할 뿐이지. 어린 친구여, 또 만나자! 또 만나자! 세상의 아들과 아들은 모두 좋은 친구고, 우리는 영원히 서로 연결되어 있단다!

허비이

추신 : 내가 쓴 이 글을 너는 어쩌면 다 이해하지 못할지도 모른다. 하지만 다 이해할 필요도 없다. 왜냐하면 네가 이해하는 것이 나보다 훨씬 더 많으니까!

"그가 내게 보내 준 그 꽃바구니는?" 루얼은 검고 통통한 얼굴을 들고 멍하니 하늘을 바라보고 있었다.

弦 xián 반달 | 无疵 wúcī 흠이 없다 | 缕 lǚ 줄기, 오리, 가닥 | 呼吁 hūyù 호소하다, (원조, 지지, 동정 따위를) 구하다 | 又及 yòují (편지에서) 추신, 추기

연습문제 2

1 본문을 읽고 다음 물음에 답하시오.

(1) 程姥姥为何会"站在门口，只管出神"？
   A. 何彬拿了很大一笔钱给禄儿看病
   B. 何彬竟然也会有同情心，会去接济别人
   C. 这件事打破了何彬一贯的作风

(2) 何彬为何总是不由自主的会回想起自己的幼年时, 总是先想到母亲?
   A. 回想起自己的幼年，也就自然会想到母亲
   B. 慈爱的母亲是何彬最美好的记忆
   C. 何彬的内心在渴望被爱，被关怀的

(3) 作者在这篇文章中所要表达的含义是——
   A. 善有善报，大家都要有一颗愿意帮助别人的心
   B. 要想得到别人的爱首先要先施与自己的爱
   C. 世界上只有母爱是最无私、最伟大的

2 녹음을 듣고 빈칸에 들어갈 말을 써 넣으시오.

(1) (　　　)来的时候, 许多青年欢喜(　　　)着去接他们的信。
(2) 与其互相(　　　), 不如互相(　　　)。
(3) (　　　)觉得有一个小人儿, (　　　　　)的走了出去。

3 본문의 내용과 일치하면 O, 다르면 ×표를 하시오.

(1) 禄儿见恩人何彬不愿接受他的感谢，急得都哭了。（　）

(2) 母亲无私的爱唤醒了何彬对爱的感受。（　）

(3) 禄儿没能理解何彬送给他的是怎样的一篮花。（　）

4 다음 문장을 자연스러운 우리말로 옮기시오.

(1) 这痛苦的声音，断断续续的，在这沉寂的黑夜里只管颤动。
…▶

(2) 他的脑子累极了，竭力的想摈绝这些思想，无奈这些事只管奔凑了来。
…▶

5 다음 문장을 자연스러운 중국어로 옮기시오.

(1) 산들바람이 그의 이마 위의 짧은 머리카락을 불어 날리고, 그의 머리에 맺힌 땀방울을 말렸다.
…▶

(2) 내가 네게 그 치료비를 주었지만, 그 속에는 사랑이나 연민은 조금도 담겨 있지 않았다.
…▶

去国

英士独自一人凭在船头栏杆上,正在神思飞越的时候。一轮明月,照着太平洋浩浩无边的水。一片晶莹朗澈。船不住的往前走着,船头的浪花,溅卷如雪。舱面上还有许多的旅客,三三两两的坐立谈话,或是唱歌。

他心中都被快乐和希望充满了,回想八年以前,十七岁的时候,父亲朱衡从美国来了一封信,叫他跟着自己的一位朋友,来美国预备学习土木工程,他喜欢得什么似的。他年纪虽小,志气极大,当下也没有一点的犹豫留恋,便辞了母亲和八岁的小妹妹,乘风破浪的去到新大陆。

那时还是宣统三年九月,他正走到太平洋的中央,便听得国内已经起了革命。朱衡本是革命党中的重要分子,得了党中的命令,便立刻回到中国。英士绕了半个地球,也没有拜见他的父亲,只由他父亲的朋友,替他安顿清楚,他便独自在美国留学了七年。

조국을 떠나다

잉스가 홀로 뱃머리의 난간에 기대어 한창 생각의 나래를 펼치고 있을 때였다. 밝은 달이 광대무변한 태평양을 비추어 바다는 온통 투명하게 반짝이고 있었다. 배는 쉼 없이 앞으로 나아가고, 뱃머리의 물보라는 눈처럼 말아 올려졌다 흩뿌려졌다. 갑판에는 또한 많은 여행객들이 삼삼오오 무리를 지어 앉거나 선 채로 이야기를 나누거나 아니면 노래를 부르고 있었다.

잉스의 마음은 온통 기쁨과 희망으로 가득 차 있었다. 8년 전 열일곱 살 때를 회상했다. 아버지 주형이 미국에서 편지 한 통을 보내 그에게 아버지의 친구를 따라 미국에 와서 토목 기술을 공부할 준비를 하라고 했고, 그는 기뻐서 어쩔 줄을 몰랐었다. 잉스는 비록 나이는 어렸지만 포부가 무척 컸기 때문에, 당시 조금의 망설임이나 미련도 없이 어머니와 여덟 살 된 어린 누이동생과 작별을 하고는 풍랑을 헤치고 용감하게 신대륙으로 갔다.

그때는 아직 선통 3년 9월이었는데, 그가 막 태평양 한가운데를 지나고 있을 때 국내에서 이미 혁명이 일어났다는 소식을 들었다. 주형은 본래 혁명당의 주요 인사였기 때문에, 당의 명령을 받고 당장 중국으로 돌아왔다. 잉스는 지구의 반을 돌아와서도 아버지를 뵙지 못하고, 다만 아버지의 친구분이 그를 위해 모든 것을 배려해 주어서 그 혼자 미국에서 7년간 유학을 했다.

栏杆 lángān 난간　神思 shénsī 생각, 정신과 마음　晶莹 jīngyíng 투명하게 빛나는 모양　朗澈 lǎngchè 밝다, 맑다　浪花 lànghuā 물보라　溅 jiàn 물방울이나 진흙 등이 튀다　卷 juǎn 감다, 말다, 말아 올리다, 원통형으로 만 것　舱面 cāngmiàn 갑판　留恋 liúliàn 떠나기 서운해 하다　乘风破浪 chéng fēng pò làng 풍랑을 헤치고 용감하게 나아가다　安顿 āndùn 적절히 배치하다, 안착시키다

年限满了，课程也完毕了，他的才干和思想，本来是很超绝的，他自己又肯用功，因此毕业的成绩，是全班的第一，师友们都是十分夸羡，他自己也喜欢的了不得。毕业后不及两个礼拜，便赶紧收拾了，回到祖国。

这时他在船上回头看了一看，便坐下，背靠在栏杆上，口里微微的唱着国歌。心想："中国已经改成民国了，虽然共和的程度还是幼稚，但是从报纸上看见说袁世凯想做皇帝，失败了一次，宣统复辟，又失败了一次，可见民气是很有希望的。以我这样的少年，回到少年时代大有作为的中国，正合了'英雄造时势，时势造英雄'那两句话。我何幸是一个少年，又何幸生在少年的中国，亲爱的父母姊妹！亲爱的祖国！我英士离着你们一天一天的近了。"

超绝 chāojué 탁월하다, 뛰어나다　**夸羡** kuāxiàn 칭찬하고 부러워하다　**复辟** fùbì 폐위가 된 천자가 다시 제위에 오르다　**民气** mínqì 민중의 기세, 민중의 의기　**大有作为** dà yǒu zuò wéi 크게 이바지할 수 있다

유학 기한이 다 차고 과정도 모두 마쳤다. 잉스는 재주와 생각이 본래 출중한 데다가 스스로 또한 열심히 노력했기 때문에 졸업할 때의 성적은 반 전체에서 일등이었다. 선생님과 친구들은 모두 무척이나 칭찬해 주고 부러워했으며, 그 자신 역시 기뻐서 어쩔 줄을 몰랐다. 졸업한 지 두 주일도 안 되어 잉스는 서둘러 짐을 정리하고 고국으로 돌아가는 길이었다.

이때 잉스는 고개를 돌려 배 위를 한번 둘러보고는 앉아서 등을 난간에 기대고 입으로는 조그맣게 국가를 불렀다. 그는 속으로 생각했다. "중국은 이미 민국으로 바뀌었다. 비록 '공화제'가 실현된 정도는 아직 미숙하다고 해도, 신문에서 보면 위엔스카이가 황제가 되려던 계획도 실패로 돌아갔고, 선통제의 복벽도 또한 실패했으니, 국민의 기상도 매우 희망적이라는 걸 알 수 있다. 나 같은 이런 젊은이가 청년시기에 얼마든지 많은 일을 할 수 있는 중국으로 돌아온 것은 바로 '영웅이 시대를 만들고, 시대가 영웅을 만든다'는 말에 딱 부합되는 것이 아닌가. 내가 청년이라는 것이 얼마나 행운이고, 청년기의 중국에서 살아간다는 건 또 얼마나 행운인가! 사랑하는 부모와 자매여! 사랑하는 조국이여! 나 잉스가 하루하루 당신들에게 더 가까이 가고 있습니다."

想到这里，不禁微笑着站了起来，在舱面上走来走去，脑中生了无数的幻象，头一件事就想到慈爱的父母，虽然那温煦的慈颜，时时涌现目前，但是现在也许增了老态。他们看见了八年远游的爱子，不知要怎样的得意喜欢！"娇小的妹妹，当我离家的时候，她送我上船，含泪拉着我的手说了'再见'，就伏在母亲怀里哭了，我本来是一点没有留恋的，那时也不禁落了几点的热泪。船开了以后，还看见她和母亲，站在码头上，扬着手巾，过了几分钟，她的影儿，才模模糊糊的看不见了。这件事是我常常想起的，今天她已经——十五——十六了，想是已经长成了一个聪明美丽的女郎，我现在回去了，不知她还认得我不呢？——还有几个意气相投的同学小友，现在也不知道他们都建树了什么事业？"

他脑中的幻象，顷刻万变，直到明月走到天中，舱面上玩月的旅客，都散尽了。他也觉得海风锐厉，不可少留，才慢慢的下来，回到自己房里，去做那"祖国庄严"的梦。

생각이 여기에 이르자 잉스는 자기도 모르게 미소를 지으며 일어나 갑판 위를 거닐었다. 머릿속에 무수한 환영들이 떠올랐다. 제일 먼저 생각난 것은 자애로운 부모님이었다. 그 따스하고 인자한 얼굴이 수시로 눈앞에 떠오르곤 했었지만, 그러나 지금은 아마도 더 늙으셨을 것이다. 8년 동안이나 멀리 떠나 있던 사랑하는 자식을 보시면 그분들이 얼마나 자랑스러워하시고 또 기뻐하실지! "귀여운 작은 누이는, 내가 집을 떠날 때 배까지 배웅하며 눈물을 머금은 채 내 손을 잡고 '안녕'이라고 말하고는 엄마 품에 안겨 울었지. 난 본래 조금의 미련도 없었지만 그땐 나도 모르게 뜨거운 눈물을 몇 방울 떨구었지; 배가 출발하고 난 후에도 부두에 서서 손수건을 흔들고 있는 누이와 어머니가 보였고, 몇 분 지나서야 누이의 모습은 차츰차츰 희미해져 보이지 않았어. 이 일은 내가 종종 떠올리는데, 이젠 누이도 벌써 열다섯, 열여섯이 되었으니, 이미 총명하고 아름다운 아가씨로 자라 있겠지. 이제 내가 돌아가면 누이는 아직도 날 알아볼까? 그리고 또 어린 시절 의기투합하던 학교 친구들과 동무들, 그들도 지금 모두 어떤 사업들을 일구어 놓았을지 모르겠구나!"

그의 머릿속의 환영은 시시각각 변하면서, 달이 중천에 이르고 갑판에서 달 구경을 하던 여행객들이 모두 흩어질 때까지 계속되었다. 잉스도 바닷바람이 날카로와서 더는 머무를 수 없다고 생각하고, 천천히 내려와 자기 방으로 돌아와서 '조국을 위한 장엄한' 꿈을 꾸었다.

温煦 wēnxù 따스하다 慈颜 cíyán 자비로운[자애로운] 얼굴 码头 mǎtou 부두, 선창 女郎 nǚláng 소녀, 젊은 여성 顷刻 qǐngkè 잠깐 사이, 순식간

两个礼拜以后,英士提着两个皮包,一步一步的向着家门走着,淡烟暮霭里,看见他家墙内几株柳树后的白石楼屋,从绿色的窗帘里,隐隐的透出灯光,好像有人影在窗前摇漾。他不禁乐极,又有一点心怯!走近门口,按一按门铃,有一个不相识的仆人,走出来开了门,上下打量了英士一番,要问又不敢问。英士不禁失笑,这时有一个老妈子从里面走了出来,看见英士,便走近前来,喜得眉开眼笑道:"这不是大少爷么?"英士认出她是妹妹芳士的奶娘,也喜欢的了不得;便道:"原来是吴妈,老爷太太都在家么?"一面便将皮包递与仆人,一同走了进去,吴妈道:"老爷太太都在楼上呢,盼得眼都花了。"英士笑了一笑,便问道:"芳姑娘呢?"吴妈道:"芳姑娘还在学堂里,听说她们今天赛网球,所以回来得晚些。"

暮霭 mù'ǎi 저녁 안개 摇漾 yáoyàng 흔들거리다 怯 qiè 겁내다, 무서워하다, 부끄러워하다 仆人 púrén 하인, 종, 고용인 眉开眼笑 méi kāi yǎn xiào 매우 기뻐하다, 싱글벙글하며 좋아하다 奶娘 nǎiniáng 유모

  두 주일 후 잉스는 두 개의 가죽 가방을 들고, 한 걸음 한 걸음 집을 향해 걸어가고 있었다. 옅은 연기와 저녁 안개 속에서 그의 집 담장 안에 있는 몇 그루의 버드나무 뒤로 흰 건물이 보였다. 초록빛 커튼을 통해 불빛이 은은하게 배어나오고 있었고, 누군가의 그림자가 창 앞에서 움직이고 있는 것 같았다. 그는 기쁨을 억누르지 못하면서도 또한 조금 겁이 나기도 했다! 문 앞으로 다가가 벨을 누르자, 안면이 없는 하인이 걸어 나와 문을 열고는 잉스를 아래위로 훑어보았고, 뭔가를 물으려다 감히 묻지 못하는 눈치였다. 잉스가 자신도 모르게 웃고 있을때 어멈 한 명이 안에서 걸어 나왔다. 잉스를 보더니 앞으로 다가와 기뻐서 벙글벙글거리며 말했다. "이거 큰 도련님 아니세요?" 잉스는 그녀가 누이동생 팡스의 유모라는 걸 알아보고는 역시 몹시 기뻐하면서 "아, 우 어멈이군. 나리랑 마님 모두 계신가?" 하고 말하며 가죽 가방을 하인에게 건네주고 함께 안으로 걸어 들어갔다. 우 어멈이 "나리랑 마님은 모두 이층에 계세요. 도련님 기다리시느라 눈이 다 침침해지셨답니다" 하고 말했다. 잉스는 웃다가 이어 "팡 아가씨는?" 하고 물었다. "팡 아가씨는 아직 학교에 계세요. 오늘 테니스 시합이 있어서 조금 늦을 거라고 하시네요." 우 어멈이 대답했다.

　　一面说着便上了楼，朱衡和他的夫人，都站在梯口，英士上前鞠了躬，彼此都喜欢得不知说什么好。进到屋里，一同坐下，吴妈打上洗脸水，便在一旁看着。夫人道："英士！你是几时动身的，怎么也不告诉一声儿，芳士还想写信去问。"英士一面洗脸，一面笑道，"我完了事，立刻就回来，用不着写信。就是写信，我也是和信同时到的。"朱衡问道："我那几位朋友都好么？"英士说："都好，吴先生和李先生还送我上了船，他叫我替他们问你两位老人家好。他们还说请父亲过年到美国去游历，他们都很想望父亲的风采。"朱衡笑了一笑。

　　这时吴妈笑着对夫人说："太太！看英哥去了这几年，比老爷还高了，真是长的快。"夫人也笑着望着英士。英士笑道："我和美国的同学比起来，还不算是很高的！"

이야기를 하며 이층으로 올라가자 주헝과 부인은 계단 입구에 서 있었다. 잉스가 앞으로 다가가 허리 굽혀 인사를 했고, 서로 너무 기뻐 무슨 말을 해야 좋을지 몰라 했다. 방 안으로 들어와 함께 앉자 우 어멈이 세숫물을 받아다 놓고는 한쪽에 서서 쳐다보고 있었다. 부인이 말했다. "잉스야! 언제 출발한 거냐? 어쩜 한 마디 알리지도 않고. 팡스가 편지를 써서 물어보려고 했단다." 잉스는 세수를 하면서, 웃으며 말했다. "일이 끝나자마자 바로 돌아온 거라 편지 쓸 필요도 없었어요. 편지를 썼다 해도 저랑 편지가 같이 도착했을 거예요." 주헝이 물었다. "내 친구들은 다 잘 지내냐?" 잉스가 말했다. "모두 잘 계세요. 우 선생님과 리 선생님은 저를 배까지 배웅해 주시면서 두 분께 대신 안부를 전해 달라고 하셨어요. 아버님께 새해 초에 미국에 한번 놀러 오시라고도 하셨구요. 두 분 모두 아버님의 풍모를 무척 뵙고 싶어하세요." 주헝은 웃었다.

이때 우 어멈이 웃으며 부인에게 말했다. "마님! 잉스 도련님이 몇 년 동안 나가 계시더니 나리보다도 키가 더 커지셨네요. 정말 부쩍 크셨어요." 부인도 웃으며 잉스를 바라보았다. 잉스가 웃으며 말했다. "전 그래도 미국 친구들이랑 비교하면 그렇게 큰 편도 아니에요!"

想望 xiǎngwàng 앙모하다, 우러르다   **风采** fēngcǎi 풍채, 풍모

仆人上来问道:"晚饭的时候到了,等不等芳姑?"吴妈说:"不必等了,少爷还没有吃饭呢!"说着他们便一齐下楼去,吃过了饭,就在对面客室里,谈些别后数年来的事情。

英士便问父亲道:"现在国内的事情怎么样呢?"朱衡笑了一笑,道:"你看报纸就知道了。"英士又道:"关于铁路的事业,是不是积极进行呢?"朱衡说:"没有款项,拿什么去进行!现在国库空虚如洗,动不动就是借款。南北两方,言战的时候,金钱都用在硝烟弹雨里,言和的时候,又全用在应酬疏通里,花钱如同流水一般,哪里还有工夫去论路政?"英士呆了一呆,说:"别的事业呢?"朱衡道:"自然也都如此了!"夫人笑对英士说:"你何必如此着急?有了才学,不怕无事可做,政府里虽然现在是穷得很,总不至于长久如此的,况且现在工商界上,也有许多可做的事业,不是一定只看着政府……"英士口里答应着,心中却有一点失望,便又谈到别的事情上去。

　하인이 올라와 물었다. "저녁 드실 시간이 되었는데, 팡 아가씨를 기다릴까요?" 우 어멈이 말했다. "기다릴 필요 없네. 도련님께서 아직 식사를 못 하셨어!" 이야기를 나누며 그들은 함께 아래층으로 내려갔다. 저녁을 먹고 난 후 맞은편 응접실로 가서, 헤어지고 난 후 지난 수년간의 일들을 이야기했다.

　잉스는 아버지께 물었다. "지금 국내 사정은 어떤가요?" 주형은 웃으며 말했다. "신문을 보면 알게 될 거다." 잉스가 다시 말했다. "철도 사업은 적극적으로 추진되고 있나요?" "예산이 없는데 뭘 가지고 추진하겠니! 지금 국고는 아예 바닥이 나서 걸핏하면 차관인데. 남북 쌍방이 전쟁하자고 할 때 돈을 모두 포탄 쏟아 붓는 데 쓰고, 화해하자고 할 때 또 돈을 모두 대접하고 서로 대화하고 하는 데 다 써 버리고, 돈을 이렇게 물쓰듯하니 어디 철도 문제 같은 걸 논할 겨를이 있겠니?" 주형이 말하자, 잉스는 잠시 멍하게 있다가 물었다. "다른 일들은요?" "물론 다 마찬가지지!" 주형이 대답했다. 부인이 잉스를 보고 웃으며 말했다. "뭐 그렇게 서두를 필요 있니? 재주와 학식을 갖추었는데 할 일 없을까봐 걱정하진 말아라. 정부가 지금은 비록 무척 가난하지만 장구히 이렇기야 하겠니. 게다가 지금 공상업계에는 할 일이 아주 많으니 꼭 정부만 보고 있을 것도 아니지……." 잉스는 입으론 그렇다고 대답하면서도 마음속으론 조금 실망이 되어 이내 화제를 다른 데로 돌렸다.

款项 kuǎnxiàng (법령 규칙 조약 등의) 조항, 항목　**硝烟** xiāoyān 화약 연기　**疏通** shūtōng 물꼬를 트다, 소통하다, 화해하다

这时听得外面院子里，有说笑的声音。夫人望了一望窗外，便道："芳士回来了！"英士便站起来，要走出去，芳士已经到了客室的门口，刚掀开帘子，猛然看见英士，觉得眼生，又要缩回去，夫人笑着唤道："芳士！你哥哥回来了。"芳士才笑着进来，和英士点一点头，似乎有一点不好意思，便走近母亲身旁。英士看见他妹妹手里拿着一个球拍，脚下穿着白帆布的橡皮底球鞋，身上是白衣青裙，打扮得非常素淡，精神却非常活泼，并且儿时的面庞，还可以依稀认出。便笑着问道："妹妹！你们今天赛球么？"芳士道："是的。"回头又对夫人说："妈妈！今天还是我们这边胜了，他们说明天还要决最后的胜负呢！"朱衡笑道，"是了！成天里只玩球，你哥哥回来，你又有了球伴了。"芳士说，"哥哥也会打球么？"英士说，"我打的不好。"芳士道："不要紧的，天还没有大黑，我们等一会儿再打球去。"说着，她兄妹两人，果然同向球场去了。屋里只剩了朱衡和夫人。

이때 바깥뜰에서 웃음 섞인 말소리가 들려왔다. 부인이 창 밖을 내다보며 "팡스가 돌아왔네!" 하고 말했다. 잉스가 일어나 걸어 나가려는데 팡스가 이미 응접실문 앞까지 와 있었다. 막 발을 제치다가 갑자기 잉스가 보이자 낯설다고 생각됐는지 다시 뒤로 물러나려 했다. 부인이 웃으며 "팡스! 오빠가 돌아왔단다" 하고 큰 소리로 말하자, 팡스는 그제서야 비로소 웃으며 들어와 잉스에게 고개를 끄덕이고는 조금 부끄러운 듯 어머니 옆으로 갔다. 잉스는 손에는 테니스 라켓을 들고, 발에는 흰 천에 고무바닥으로 된 테니스화를 신고, 몸에는 흰 티셔츠에 푸른 치마를 입고 있는 누이를 보았다. 옷차림은 아주 수수했지만, 정신은 오히려 무척 또렷해 보였다. 게다가 어린 시절의 얼굴도 아직 희미하게는 알아볼 수 있었다. 잉스가 웃으며 물었다. "누이! 오늘 테니스 시합이 있었나보지?" 팡스는 "네" 하고 대답하더니, 고개를 돌려 부인에게 말했다. "엄마! 오늘도 우리 편이 이겼어요. 그 아이들이 내일 마지막 승부를 겨루자고 해요!" 주형은 웃으며 말했다. "그래! 맨날 테니스만 하더니 오빠가 돌아와서 테니스 같이 할 사람이 또 생겼구나." 팡스가 "오빠도 테니스 칠 줄 알아요?" 하고 묻자 "난 잘 못해" 하고 잉스가 대답했다. 팡스는 "괜찮아요. 날도 아직 그렇게 어둡지 않으니까 우리 조금 있다가 테니스 치러 가요" 하고 말했다. 이야기를 나누며 그들 남매는 정말로 테니스장 쪽으로 갔다. 방에는 주형과 부인만이 남았다.

掀开 xiānkāi (닫혀 있는 것을) 열어 젖히다   缩 suō 뒷걸음질을 치다, 물러나다   球拍 qiúpāi 라켓   帆布 fānbù 돛천, 범포   素淡 sùdàn (무늬나 빛깔 등이) 수수하다, 단순하다   活泼 huópo 활기를 띠다, 생동적이다, 활발하다   面庞 miànpáng 얼굴 생김새   依稀 yīxī (기억이) 어렴풋하다, 희미하다, 아련하다

夫人笑道，"英士刚从外国回来，兴兴头头的，你何必尽说那些败兴的话，我看他似乎有一点失望。"朱衡道，"这些都是实话，他以后都要知道的，何必瞒他呢？"夫人道："我看你近来的言论和思想，都非常的悲观，和从前大不相同，这是什么原故呢？"

这时朱衡忽然站起来，在屋里走了几转，叹了一口气，对夫人说："自从我十八岁父亲死了以后，我便入了当时所叫做'同盟会'的。成天里废寝忘食，奔走国事，我父亲遗下的数十万家财，被我花去大半。乡里戚党，都把我看作败子狂徒，又加以我也在通缉之列，都不敢理我了，其实我也更不理他们。二十年之中，足迹遍天涯，也结识了不少的人，无论是中外的革命志士，我们都是一见如故，'剑外惟余肝胆在，镜中应诧头颅好'，便是我当日的写照了……"

兴头 xìngtou 유쾌하다, 즐겁다, 의기양양하다 败兴 bài xìng 흥을 깨뜨리다, 흥이 깨지다 废寝忘食 fèi qǐn wàng shí 침식을 잊다, 일에 전심전력을 다하다 通缉 tōngjī 지명수배(하다) 一见如故 yí jiàn rú gù 첫 대면에서 옛 친구처럼 친해지다(의기투합하다) 诧 chà 경이롭게 여기다, 놀라다, 자랑하다, 과장하다 头颅 tóulú 머리, 두개골 写照 xiězhào 모습, 모양, 인물의 형상을 그리다

부인이 웃으며 말했다. "잉스가 막 외국에서 돌아와 한참 의기양양해 있는데, 왜 그렇게 흥을 깨는 이야기만 하셨어요? 제가 보기엔 잉스가 조금 실망하는 것 같던데." 주헝이 말했다. "그게 모두 사실이고, 잉스도 앞으로 다 알게 될 텐데 뭐하러 숨기겠소?" 부인이 말했다. "요즘 당신 말씀이나 생각이 너무 비관적이고 전과는 아주 다른데, 무슨 이유죠?"

이때 주헝이 벌떡 일어나 방 안을 몇 바퀴 돌더니, 한숨을 쉬며 부인에게 말했다. "열여덟 살에 부친이 돌아가신 후 난 곧 당시 소위 '동맹회'라고 부르는 곳에 들어갔소. 종일 먹고 자는 것도 잊고, 국사로 동분서주하면서 부친이 남긴 수십만 위엔의 재산 중 태반을 내가 다 써 버렸지. 고향 사람들과 일가 친척들은 모두 나를 실패자나 미친놈으로 취급했고, 게다가 내가 지명수배자 명단에까지 끼게 되자 누구도 나를 아는 체하려 하지 않았소. 사실은 내가 더 그들을 아는 체하지 않긴 했지만. 이십여 년 동안 온 천지를 돌아다니며 사람들도 많이 사귀었소. 중국 사람이든 외국 사람이든 혁명 지사들은 처음 만나도 마치 오랜 친구나 되는 것 같았다오. '검 말고 남은 거라곤 간담밖에 없고, 거울 보며 놀라는 건 내 머리가 아직도 무사하다는 것'이란 말이 바로 당시의 내 모습을 말하는 것이었소……"

夫人忽然笑道："我还记得从前有一个我父亲的朋友，对我父亲说，'朱衡这个孩子，闹的太不像样了，现在到处都挂着他的像片，缉捕得很紧，拿着了就地正法，你的千金终于是要吃苦的。'便劝我父亲解除了这婚约，以后也不知为何便没有实现。"

朱衡笑道："我当日满心是'匈奴未灭何以家为'的热情，倒是很愿意解约的。不过你父亲还看得起我，不肯照办就是了。"

朱衡又坐下，端起茶杯来，喝了一口茶，点上雪茄，又说道："当时真是可以当得'热狂'两个字，整年整月的，只在刀俎网罗里转来转去，有好几回都是已濒于危。就如那次广州起事，我还是得了朋友的密电，从日本赶回来的，又从上海带了一箱的炸弹，雍容谈笑的进了广州城。同志都会了面，起事那一天的早晨，我们都聚在一处，预备出发，我结束好了，端起酒杯来，心中一阵一阵的如同潮卷，也不是悲惨，也不是快乐。大家似笑非笑的都照了杯，握了握手，慷慨激昂的便一队一队的出发了。"

부인이 갑자기 웃으며 말했다. "저도 아직 기억해요. 이전에 아버님 친구 한 분이 아버님한테 '주헝이란 아이는 하는 짓이 아주 형편없다네. 지금 도처에 그 녀석의 사진이 걸려 있고 수배가 아주 엄중하다구. 잡히기만 하면 그 자리에서 총살이니, 자네 딸도 결국은 고생을 하게 될 걸세' 하고 말씀하시며 이 혼약을 파기하도록 아버님께 권고했었죠. 그런데 나중에 어떻게 그대로 되지 않았는지 모르겠어요."

주헝이 웃으며 말했다. "그때 내 마음은 온통 '아직 적을 다 무찌르지도 못했는데, 어찌 가정을 생각하겠는가' 하는 열정으로 가득 차 있었기 때문에, 나야 오히려 파혼이 되길 무척 원했었지. 하지만 당신 아버님이 그래도 나를 좋게 보셔서 그렇게 하지 않으려고 하셨던 거요."

주헝은 다시 앉아서 찻잔을 들고 차를 한 모금 마시더니 시가에 불을 붙이고 나서 다시 이야기했다. "그땐 정말 '열광'이라는 두 글자가 딱 어울리던 때였지. 일 년 내내, 한 달 내내, 언제 잡혀 죽을지 모르는 위험 천만한 상황을 전전하면서 지냈고, 몇 번씩이나 죽을 뻔하는 위험을 겪기도 했었소. 광저우 거사 때만 해도 난 친구의 비밀 전보를 받고 급히 일본에서 돌아와서는 다시 상하이에서 폭탄 한 상자를 가지고도 여유만만하게 웃으면서 광저우 시내로 들어왔었지. 동지들이 모두 모였고, 거사 당일 날 새벽에 우린 모두 한곳에 모여 출발을 준비했소. 나도 준비를 모두 마치고 술잔을 들었는데 가슴속에서 슬픔도 아니고 기쁨도 아닌 어떤 것이 한 차례 한 차례 파도처럼 밀려오더군. 모두들 웃는 듯 마는 듯 건배를 하고 악수를 나누고 북받쳐 오르는 정의감 속에서 한 팀 한 팀 출발했지."

不像样 bú xiàngyàng 꼴사납다, 보기 흉하다, 형편없다 ǀ 缉捕 jībǔ 잡다, 체포하다, 포졸 ǀ 就地正法 jiùdì zhèngfǎ 즉석에서 총살하다 ǀ 千金 qiānjīn (옛날) 따님 ǀ 解除 jiěchú 해제하다, 없애다, 제거하다 ǀ 匈奴 Xiōngnú 흉노족 ǀ 解约 jiě yuē 계약을 파기하다 ǀ 照办 zhào bàn ~대로 하다, 그대로 하다 ǀ 刀俎 dāozǔ 식칼과 도마, 박해자 ǀ 网罗 wǎngluó 그물, 속박, 굴레 ǀ 濒危 bīnwēi 위기에 처하다, (중병으로) 죽음에 다다르다 ǀ 炸弹 zhàdàn 폭탄 ǀ 雍容 yōngróng (태도가) 점잖고 의젓하다 ǀ 照杯 zhào bēi 건배를 하고 나서 술잔 밑을 보이다 ǀ 慷慨激昂 kāng kǎi jī áng 감정이 복받쳐 오르고 정의감이 충만하다

朱衡说到这里，声音很颤动，脸上渐渐的红起来，目光流动，少年时候的热血，又在他心中怒沸了。

他接着又说："那天的光景，也记不清了，当时目中耳中，只觉得枪声刀影，血肉横飞。到了晚上，一百多人雨打落花似的，死的死，走的走，拿的拿，都散尽了。我一身的腥血，一口气跑到一个僻静的地方，将带去的衣服换上了，在荒草地里，睡了一觉。第二天一清早，又进城去，还遇见几个同志，都改了装，彼此只惨笑着打个照会。以后在我离开广州以前，我去到黄花岗上，和我的几十位同志，洒泪而别。咳！'战场白骨艳于花'，他们为国而死，是有光荣的，只可怜大事未成，吾党少年，又弱几个了。——还有那一次奉天汉阳的事情，都是你所知道的。当时那样蹈汤火，冒白刃，今日海角，明日天涯，不过都当它是做了几场恶梦。现在追想起来，真是叫人啼笑不得，这才是'始而拍案，继而抚髀，终而揽镜'了。"说到这里，不知不觉的，便流下两行热泪来。

이야기가 여기에 이르자, 주형의 목소리는 심하게 떨렸고 얼굴이 점점 상기되기 시작했으며 눈빛도 흔들렸다. 청년 시절의 뜨거운 피가 다시 그의 가슴속에서 사납게 끓어올랐다.

주형은 다시 말을 이었다. "그날 상황도 뚜렷하게 기억나진 않아. 그땐 보고 듣는 게 모두 총소리와 칼, 유혈이 낭자한 참혹한 광경뿐이었지. 그날 밤까지 백 명이 넘는 사람들이 내리는 비에 꽃 떨어지듯, 죽은 사람은 죽고, 달아난 사람은 달아나고, 잡혀간 사람은 잡혀가 모두 흩어져 버렸지. 난 온몸이 피범벅이 된 채로 단숨에 외진 곳으로 달아나서, 가져간 옷으로 갈아입고는 풀밭 속에서 한잠을 잤소. 다음 날 이른 아침 다시 시내로 들어가서 몇몇 동지들을 만났는데 모두 변장을 했고, 우린 서로 서글픈 웃음만 지은 채 만남을 약속했고, 그 후 난 광저우를 떠나기 전에 황화강으로 가서 수십 명의 동지들과 눈물로 작별을 했소. 아! '전쟁터의 백골은 꽃보다 더 아름답도다', 그들은 조국을 위해 죽었으니 영광스러운 것이지만, 오직 안타까운 건 대사를 이루지 못했고 또 우리 당의 청년 몇 명도 목숨을 잃었다는 것이오. 그리고 또 펑티엔이랑 한양의 일은 당신도 다 알고 있을 거요. 그때 불을 밟고, 칼날을 무릅쓰며 그처럼 격렬한 전쟁의 위험 속에서 오늘은 바다 끝, 내일은 하늘 끝으로 사방팔방을 뛰어다녔지만, 우린 모두 그걸 몇 차례의 악몽으로만 여겼을 뿐이었소. 지금 돌이켜 생각해 보면 정말 웃지도 울지도 못할 일이지. 이걸 바로 '처음엔 탁자를 치며 비분강개하다가, 그 다음엔 넓적다리뼈를 어루만지다가, 마지막에 거울을 보며 탄식한다'고 하는 것일 게요." 여기까지 이야기하고 주형은 자기도 모르게 두 줄기 뜨거운 눈물을 흘렸다.

血肉横飞 xuè ròu héng fēi 피와 살이 사방으로 흩어지다, 격전이 벌어지다 | 僻静 pìjìng 구석지고 조용하다, 으슥하다 | 弱 ruò 잃다, 죽다 | 蹈汤火 dǎo tānghuǒ 물불을 가리지 않다, 위험을 무릅쓰다 | 追想 zhuīxiǎng 회상하다, 기억을 더듬다 | 啼笑不得 tí xiào bù dé 울지도 웃지도 못하다 | 抚 fǔ 어루만지다, 쓰다듬다, 위로하다, 보살피다 | 髀 bì 대퇴, 넓적다리뼈 | 揽 lǎn 끌어안다, 묶다

夫人笑说:"那又何苦。横竖共和已经造成了,功成身隐,全始全终的,又有什么缺憾呢?"

朱衡猛然站起来说:"要不是造成这样的共和,我还不至于这样的悲愤。只可惜我们洒了许多热血,抛了许多头颅,只换得一个匾额,当年的辛苦,都成了虚空。数千百的同志,都做了冤鬼。咳!那一年袁皇帝的刺客来见我的时候,我后悔不曾出去迎接他……"夫人道:"你说话的终结,就是这一句,真是没有意思!"

朱衡道:"我本来不说,都是你提起英士的事情来,我才说的。英士年纪轻,阅历浅,又是新从外国回来,不知道这一切的景况,我想他那雄心壮志,终久要受打击的。"

夫人道:"虽然如此,你也应该替他打算。"

朱衡道:"这个自然,现在北京政界里头的人,还有几个和我有交情可以说话的,但是只怕支俸不做事,不合英士的心……"

这时英士和芳士一面说笑着走了进来,他们父子母女又在一处,说着闲话,直到夜深。

부인이 웃으며 말했다. "그럴 필요까지 뭐가 있어요. 어쨌든 공화정은 이미 수립되었고, 공을 이루고 몸을 감추었으니 그건 시작도 끝도 다 아름답게 마무리하신 건데, 또 유감스러울 게 뭐가 있어요?"

주헝이 벌떡 일어나더니 말했다. "이런 꼴의 공화정만 아니라면 나도 이렇게까지 슬프고 분하진 않을 거요. 그저 우리가 그렇게 많은 뜨거운 피를 뿌리고 무수히 많은 목숨을 버렸건만, 바꾼 게 고작 간판 하나라는 것이 애석할 뿐이오. 그때의 고생들이 모두 헛것이 된 것이지. 수많은 동지들이 모두 원혼이 되었는데. 아! 그 해 위엔 황제의 자객이 나를 보러 왔을 때, 내가 그를 맞이하러 나가지 않았던 게 후회스럽소……." 부인이 말했다. "이야기의 결론이 고작 그 말이라니, 정말 재미없군요!"

주헝이 말했다. "난 본래 말하지 않으려고 했는데, 다 당신이 잉스 일을 꺼내서 내가 말을 한 거요. 잉스는 나이도 젊고 경험도 얕은데다 또 갓 외국에서 돌아와 이런 모든 상황을 모르지만, 잉스의 그 웅대한 포부도 결국은 타격을 입게 되겠지."

부인이 말했다. "비록 그렇다고 하더라도, 당신도 잉스를 위해 뭔가 계획이 있으셔야죠."

주헝이 대답했다. "그거야 물론이지. 지금 베이징 정계에는 그래도 내가 말을 해봄직한 친분 있는 친구들이 아직 몇몇 있지. 하지만 그런 일들이 다 봉급만 주고 일은 없는 것들이라 단지 잉스의 마음에 들지 않을까 그게 걱정이 되어서 그러지……."

이때 잉스와 팡스가 담소를 나누며 걸어 들어왔다. 그들 부자와 모녀는 함께 밤이 깊을 때까지 이런저런 이야기를 나누었다.

何苦 hékǔ 무엇 때문인가, 구태여 ~할 필요가 있겠는가 橫竪 héngshu 어쨌든, 여하튼 全始全終 quán shǐ quán zhōng 일을 처음부터 끝까지 완미하게 처리하다 缺憾 quēhàn 유감스러움 匾额 biǎn'é 현판, 편액 冤鬼 yuānguǐ 원귀, 바보 阅历 yuèlì 겪다, 경험하다, 경험, 체험 浅 qiǎn (지식, 소견이) 부족하다 景况 jǐngkuàng 형편, 정황, 처지

第二天早晨，英士起的很早。看了一会子的报，心中觉得不很痛快；芳士又上学去了，家里甚是寂静。英士便出去拜访朋友，他的几个朋友都星散了，只见着两个：一位是县里小学校的教员，一位是做报馆里的访事，他们见了英士，都不像从前那样的豪爽，只客客气气的谈话，又恭维了英士一番。英士觉着听不入耳，便问到他们所做的事业，他们只叹气说："哪里是什么事业，不过都是'饭碗主义'罢了，有什么建设可言呢？"随后又谈到国事，他们更是十分的感慨，便一五一十的将历年来国中情形都告诉了。英士听了，背上如同浇了一盆冷水，便也无话可说，坐了一会，就告辞回来。

星散 xīngsàn (별처럼) 뿔뿔이 흩어지다　访事 fǎngshì 탐색하다, 탐방하다　恭维 gōngwei 아첨하다, 치켜세우다　一五一十 yì wǔ yì shí 처음부터 끝까지, 일일이　浇 jiāo (물을) 뿌리다, 물을 대다, 부어 넣다

　이튿날 아침, 잉스는 일찍 일어났다. 잠깐 동안 신문을 보고는 마음이 무척 불쾌해졌다. 팡스는 또 학교에 갔고 집 안은 무척이나 고요했다. 잉스는 나와서 친구들을 만나러 갔지만, 그의 몇몇 친구들은 모두 뿔뿔이 흩어져 있어, 단지 두 친구만 만날 수 있었다. 한 명은 현의 초등학교 교사였고, 한 명은 신문사의 탐방원이었다. 그들은 잉스를 만나서 모두 이전 같은 호탕함은 없이 단지 예의를 차려 이야기하고, 또 잉스를 한번 추켜세울 뿐이었다. 잉스는 그들의 말이 귀에 들어오지 않았고, 그들이 하는 일에 대해 물었다. 그들은 한숨만 쉬며 말했다. "어디 무슨 일이랄 게 있나. 그저 다 '밥그릇이나 챙기자는 주의'일 뿐, 무슨 일을 시작한다고 할 만한게 있겠나?" 그 뒤에 화제가 국사에 이르자, 그들은 더더욱 감정이 복받친 채로 지난 수년 동안의 나라 안의 상황을 일일이 알려주었다. 잉스는 이야기를 듣고 마치 등에 냉수를 한 대야 뒤집어 쓴 것 같은 느낌이 들어 아무 말도 못하고는 잠시 앉아 있다가 작별 인사를 하고 돌아왔다.

回到家里，朱衡正坐在写字台边写着信。夫人坐在一边看书，英士便和母亲谈话。一会子朱衡写完了信，递给英士说："你说要到北京去，把我这封信带去，或者就可以得个位置。"夫人便跟着说道："你刚回来，也须休息休息，过两天再去罢。"英士答应了，便回到自己卧室，将那信放在皮包里，凭在窗前，看着楼下园子里的景物，一面将回国后所得的印象，翻来覆去的思想，心中觉得十分的抑郁。想到今年春天在美国的时候，有一个机器厂的主人，请他在厂里作事，薪水很是丰厚，他心中觉得游移不决；因为他自己新发明了一件机器，已经画出图样来，还没有从事制造，若是在厂里作事，正是一个制造的好机会。但是那时他还没有毕业，又想毕业以后赶紧回国，不愿将历年所学的替别国效力，因此便极力的推辞。那厂主还留恋不舍的说："你回国以后，如不能有什么好机会，还请到我们这里来。"英士姑且答应着，以后也就置之度外了。

집으로 돌아왔을 때 주형은 책상에 앉아 편지를 쓰고 있었다. 부인은 한쪽에서 책을 보고 있었고, 잉스는 어머니와 이야기를 나누었다. 조금 있다가 주형은 편지를 다 쓰고는, 잉스에게 건네주며 말했다. "네가 베이징으로 가겠다고 하니, 그럼 내 이 편지를 가져가거라. 어쩌면 자리를 하나 얻을 수 있을테니." 이어 부인이 말했다. "이제 막 돌아왔으니, 좀 쉬어야지. 며칠 있다가 떠나거라." 잉스는 그렇게 하겠다고 하고는 자기 침실로 돌아와 그 편지를 가방 속에 넣고는 창가에 기대어 아래층 뜰의 풍경을 바라보고 있었다. 귀국 후에 받은 인상들을 이렇게 저렇게 생각하다 보니 마음이 무척 우울해졌다. 올 봄 미국에 있을 때, 한 기계 공장의 주인이 그에게 공장에서 일해 달라고 했던 일을 생각했다. 월급은 무척 많았지만 그는 망설이며 결정을 내리지 못하고 있었다. 왜냐하면 그때 그는 새로운 기계를 하나 발명해 이미 도안까지 다 그려놓고는 아직 제작에는 들어가지 못하고 있었는데, 만약 공장에서 일을 하게 되면 그건 바로 제작으로 들어갈 수 있는 좋은 기회가 될 것이기 때문이었다. 하지만 그때 그는 아직 졸업을 하지 않았고 또 졸업하고 나면 당장 귀국할 생각이었는데다, 수년 동안 배운 것을 다른 나라를 위해 쓰고 싶진 않았기 때문에 잉스는 극구 사양했다. 그 공장의 주인은 그래도 여전히 그에 대한 미련이 남아 "자네가 귀국해서 만약 좋은 기회를 얻지 못한다면, 다시 이곳으로 오게나" 하고 말했고, 잉스는 짐짓 그러겠노라고 했지만, 그 후로 그 일은 제쳐두고 생각도 하지 않았다.

翻来覆去 fān lái fù qù 같은 일을 여러 번 되풀이하다   抑郁 yìyù (불만을 호소할 수 없어) 우울하다, 울적하다, 번민하다   游移不决 yóu yí bù jué 우물쭈물하며 결단을 내리지 못하다, 어찌할 바를 모르고 망설이다   图样 túyàng 도안, 견본, 카탈로그   置之度外 zhì zhī dù wài 도외시하다

这时他想，"如果国内真个没有什么可做的，何不仍去美国，一面把那机器制成了，岂不是完了一个心愿。"忽然又转念说："怪不得人说留学生一回了国，便无志了。我回来才有几时，社会里的一切状况，还没有细细的观察，便又起了这去国的念头。总是我自己没有一点毅力，所以不能忍耐，我如再到美国，也叫别人笑话我，不如明日就到北京，看看光景再说罢。"

这时芳士放学回来，正走到院子里，抬头看见哥哥独自站在窗口出神，便笑道，"哥哥今天没有出门么？"英士猛然听见了，也便笑道，"我早晨出门已经回来了，你今日为何回来的早？"芳士说，"今天是礼拜六，我们照例是放半天学。哥哥如没有事，请下来替我讲一段英文。"英士便走下楼去。

이때 잉스는 '만약 국내에서 정말로 할 일이 없다면 어째서 미국으로 가지 않겠는가? 그 기계를 완성하면 바라던 일을 이루게 되는 게 아닌가?' 하는 생각을 했지만 갑자기 다시 생각을 바꾸어 '어쩐지 사람들이 유학생이 귀국을 하기만 하면 뜻을 잃는다고 하더라니. 내가 돌아온 지 고작 몇 시간도 되지 않았고, 아직까지 사회의 모든 상황을 세세하게 관찰한 것도 아닌데 또 이렇게 나라를 떠날 생각을 하다니. 이건 나 자신이 굳은 의지가 없어서 견디지 못하는 것이고, 만약 다시 미국으로 간다면 또한 다른 사람의 웃음거리가 될 거야. 내일 바로 베이징으로 가서 상황을 보고 난 뒤 다시 이야기하는 것이 좋겠다'고 생각했다.

　그때 팡스가 수업을 마치고 돌아와 막 뜰 안으로 걸어 들어오다가 고개를 들어 오빠가 혼자 창 앞에 서서 넋을 잃고 있는 것을 보더니 웃으며 말했다. "오빠 오늘 밖에 안 나갔어요?" 잉스는 문득 그 소리를 듣고는 웃으며 말했다. "아침 일찍 나갔다가 벌써 돌아왔지. 너 오늘은 왜 이렇게 일찍 왔니?" 팡스는 "오늘은 토요일이잖아요, 늘 그렇듯이 토요일엔 수업을 반나절만 해요. 오빠 다른 일 없으면 내려와서 영어 좀 읽어줘요"하고 말했고, 잉스는 아래층으로 내려갔다.

转念 zhuǎn niàn 생각을 바꾸다, 정신을 차리다　**怪不得** guàibude 과연, 어쩐지　**毅力** yìlì 굳센 의지, 기백

第二天的晚车，英士便上北京了，火车风驰电掣的走着，他还嫌慢，恨不得一时就到！无聊时只凭在窗口，观看景物。只觉过了长江以北，气候渐渐的冷起来，大风扬尘，惊沙扑面，草木也渐渐的黄起来，人们的口音也渐渐的改变了。还有两件事，使英士心中可笑又可怜的，就是北方的乡民，脑后大半都垂着发辫。每到火车停的时候，更有那无数的叫化子，向人哀哀求乞，直到开车之后，才渐渐的听不见他们的悲声。

英士到了北京，便带着他父亲的信去见某总长，去了两次，都没有见着。去的太早了，他还没有起床，太晚了又碰着他出门了，到了第三回，才出来接见，英士将那一封信呈上，他看完了先问："尊大人现在都好么？我们是好久没有见面了。"接着便道："现在部里人浮于事，我手里的名条还有几百，实在是难以安插。外人不知道这些苦处，还说我不照顾戚友，真是太难了。但我与尊大人的交情，不比别人，你既是远道而来，自然应该极力设法，请稍等两天，一定有个回信。"

다음 날 저녁 차로 잉스는 베이징으로
올라갔다. 열차는 쏜살같이 빠르게 달
리고 있었지만, 잉스는 그래도 느리다
고 생각되어, 당장에 도착하지 못하는
것을 한스러워했다. 무료할 땐 단지 창문
에 기대어 풍경을 내다보았다. 창쟝 북쪽을 지나고 나서는 날씨가 점점
쌀쌀해지고 큰 바람이 일어 모래가 얼굴로 덮쳐 왔고, 초목들도 점점 누
래지고 사람들의 말투도 점점 달라져간다는 것이 느껴졌다. 그리고 또 잉
스가 마음으로 우습기도 하고 가엾기도 하다고 생각하게 한두 가지 일이
있었는데, 그건 바로 북방 시골 사람들이 대부분 머리 뒤에 변발을 늘어
뜨리고 있다는 것이었다. 열차가 멈출 때마다 또한 거지라고 불리는 무수
히 많은 사람들이 사람들에게 애처롭게 구걸을 했는데, 차가 출발하고 난
뒤에야 비로소 그들의 구슬픈 소리도 점점 들리지 않게 되었다.

잉스는 베이징에 도착해서 부친의 편지를 들고 모 총장을 만나러 갔다.
두 번을 갔지만 모두 만나지 못했다. 너무 일찍 가자 그가 아직 일어나지
않았고, 너무 늦게 가자 그는 또 이미 나가 버렸다. 세 번째 갔을 때야 비
로소 그가 나와서 맞아 주었다. 잉스는 그 편지를 올렸다 그는 편지를 다
보고는 "춘부장께서는 지금도 모두 안녕하신가? 우린 오랫동안 만나지
못했네" 하고 안부를 먼저 묻고는 이어 말했다. "지금 우리 부서에는 사람
이 넘친다네. 내가 가지고 있는 명함만도 수백 개나 되어 정말 어디에 끼
워 넣기가 어렵네. 남들은 또 이런 괴로움도 모르고 나에게 친지나 친구
들을 돌보지 않는다고 하니, 정말 어려운 일일세. 하지만 나와 자네 춘부
장과의 교분은 다른 사람과 비교할 수 없는 것이고, 또 자네도 이왕 이렇
게 먼 길을 왔으니 물론 힘을 다해 방법을 찾아봐야지. 며칠만 좀 기다리
게. 내 반드시 회신을 보내겠네."

风驰电掣 fēng chí diàn chè 바람이나 번개처럼 빠르다, 쏜살같이 빠르다　恨不
得 hènbude 간절히 ~하기를 원하다　嫌 xián 불만스럽게 여기다, 싫어하다　呈
chéng (윗사람에게) 올리다, 바치다　尊大人 zūndàrén 춘부장　浮 fú 초과하다,
남다

英士正要同他说自己要想做点实事,不愿意得虚职的话,他接着说:"我现在还要上国务院,少陪了。"便站了起来,英士也只得起身告辞。一个礼拜以后,还没有回信,英士十分着急,又不便去催。又过了五天,便接到一张委任状,将他补了技正。英士想技正这个名目,必是有事可做的,自己甚是喜欢,第二天上午,就去部里到差。

这时钟正八点。英士走进部里,偌大的衙门,还静悄悄的没有一个办公的人员,他真是纳闷,也只得在技正室里坐着,一会儿又站起来,在屋里走来走去。过了十点钟,才陆陆续续的又来了几个技正,其中还有两位是英士在美国时候的同学,彼此见面都很喜欢。未曾相识的,也介绍着都见过了,便坐下谈起话来。英士看表已经十点半,便道:"我不耽搁你们的时候了,你们快办公事罢!"他们都笑了道:"这便是公事了。"英士很觉得怪讶,问起来才晓得技正原来是个闲员,无事可做,技正室便是他们的谈话室,乐意的时候来画了到,便在一处闲谈,消磨光阴;否则有时不来也不要紧的。

잉스가 자신은 실질적인 일을 하고 싶고, 이름뿐인 자리는 원하지 않는다고 막 말하려고 하는데, 총장이 계속해서 말했다. "지금 난 또 국무원에 가 봐야 돼서 먼저 실례하겠네." 말하고는 이내 일어나는 바람에 잉스도 일어나서 인사를 하는 수밖에 없었다. 한 주일이 지나고 난 뒤에도 여전히 회신이 없어 잉스는 무척 조급했지만, 그렇다고 가서 재촉을 할 수도 없었다. 다시 닷새가 지나고 난 뒤에야 잉스는 그를 기술직 공무원인 '기정'직에 보한다는 위임장을 하나 받았다. 잉스는 기정이란 이름을 보고는 분명 할 일이 있는 자리일 거라고 생각하고 혼자서 무척 기뻐하며, 다음 날 오전 부서로 부임해 갔다.

  그때는 정각 여덟 시였다. 잉스가 부서 안으로 들어갔을 때 커다란 관공서 안은 아직도 조용한 것이 한 사람의 사무원도 없었다. 잉스는 정말 갑갑했지만 기정실 안에 앉아 있을 수밖에 없었고, 잠시 후 또 일어나 방 안을 왔다 갔다 했다. 열 시가 넘어서야 비로소 몇몇 기정들이 줄줄이 왔는데, 그 중 둘은 잉스가 미국에 있을 때 함께 공부했던 친구들이어서 서로 보고는 무척 기뻐했다. 안면이 없던 사람들도 소개를 해서 알게 되었고, 앉아서 이야기를 나누기 시작했다. 잉스가 시계를 보니 벌써 열 시 반이었다. "난 자네들 시간을 뺏지 않겠네, 어서 일들 하게!" 잉스가 말하자 다들 웃으며 말했다. "이게 바로 공무라네." 잉스는 너무나 의아하게 생각되어져 그들에게 물어보고 나서야 비로소 기정이란 게 본래 한직이라 할 일이 없다는 것을 알게 되었다. 기정실이란 바로 그들이 이야기를 나누는 방이었다. 마음이 내킬 땐 나와서 출근 표시를 한 다음 한데 모여 한담을 나누며 시간을 보내고, 그렇지 않으면 가끔은 나오지 않아도 괜찮다.

技正 jìzhèng 기술직 공무원의 직위명 | 到差 dào chāi 부임하다 | 偌大 ruòdà 이렇게 크다 | 衙门 yámen 관아, 아문 | 纳闷 nà mèn 마음이 답답해지다 | 耽搁 dānge 끌다, 지연하다

英士道：“难道国家自出薪俸，供养我们这般留学生？”他们叹气说：“哪里是我们愿意这样。无奈衙门里实在无事可做，有这个位置还算是好的，别的同学也有做差遣员的，职位又低，薪水更薄，那没有人情的，便都在裁撤之内了。”英士道：“也是你们愿意株守，为何不出去自己做些事业？”他们惨笑说：“不用提了，起先我们几个人，原是想办一个工厂。不但可以振兴实业，也可以救济贫民。但是办工厂先要有资本，我们都是妙手空空，所以虽然章程已经订出，一切的设备，也都安排妥当，只是这股本却是集不起来，过了些日子，便也作为罢论了。”这一场的谈话，把英士满心的高兴完全打消了。时候到了，只得无精打采的出来。

供养 gōngyǎng (노인을) 봉양하다, 부양하다　差遣 chāiqiǎn (공적인 일로) 파견하다, 임명하다　人情 rénqíng 인정, 호의, 선심　裁撤 cáichè (기관, 기구를) 폐지하다　株守 zhūshǒu 가만히 앉아서 요행만 바라다[=守株待兔]　惨笑 cǎnxiào 쓴 웃음을 짓다, 슬픈 미소를 짓다　妙手空空 miào shǒu kōng kōng 아무것도 가진 것이 없이 잘 둘러대다　股本 gǔběn 주식자본　罢论 bà lùn 중지하기로 하다, 취소된 계획, 중지, 중단　打消 dǎxiāo (생각 따위를) 끊다, 포기하다, 단념하다　无精打采 wú jīng dǎ cǎi 풀이 죽다, 활기가 없다

잉스가 "설마 국가가 그냥 봉급을 내주면서 우리 같은 유학생을 먹여 살리는 건 아니겠지?" 하고 말하자, 그들은 탄식을 하며 말했다. "우린들 이렇게 지내기를 원하겠는가? 부서 안에 정말로 할 일이 없으니 어쩔 수 없는 거지. 이런 자리가 있다는 건 그나마 다행인 거고, 파견원을 하는 친구도 있는데, 직위도 더 낮고 봉급도 훨씬 적다네. 연줄이 없는 사람들은 모두 곧 그 자리도 없어질 형편이라고." "자네들도 가만히 앉아서 요행만 바라고 있는 거 아닌가. 왜 나가서 스스로 일을 하지 않나?" 잉스가 말하자 친구들은 쓴 웃음을 지으며 말했다. "말도 말게, 처음엔 우리 몇 사람도 공장을 하나 꾸리려고 했지. 산업을 진흥시킬 뿐만 아니라, 가난한 사람들도 구제할 수 있으니까 말야. 하지만 공장을 하려면 우선 자본이 있어야 하는데, 우린 모두 기술만 있지 빈손이 아닌가. 그래서 장정도 다 제정해 놓고, 모든 설비도 다 적절하게 배치해 놓았지만 단지 자본금이 모이지 않은 걸세. 그렇게 날들이 지나가 그냥 취소되어 버린 거지." 이 대화로 잉스의 마음을 가득 채우고 있던 기쁨은 완전히 사라져 버렸다. 시간이 되었을 때 잉스는 그저 풀이 죽은 채로 그곳을 나오는 수밖에 없었다.

英士的同学同事们，都住在一个公寓里，英士便也搬进公寓里面去。成天里早晨去到技正室，谈了一天的话，晚上回来，同学便都出去游玩，直到夜里一两点钟，他们才陆陆续续的回来。有时他们便在公寓里打牌闹酒，都成了习惯，支了薪水，都消耗在饮博闲玩里。英士回国的日子尚浅，还不曾沾染这种恶习，只自己在屋里灯下独坐看书阅报，却也觉得凄寂不堪。有时睡梦中醒来，只听得他们猜拳行令，喝雉呼卢，不禁悲从中来。然而英士总不能规劝他们，因为每一提及，他们更说出好些牢骚的话。以后英士便也有时出去疏散，晚凉的时候，到中央公园茶桌上闲坐，或是在树底下看书，礼拜日便带了照相匣独自骑着驴子出城，去看玩各处的名胜，照

了不少的风景片，寄与芳士。有时也在技正室里，翻译些外国杂志上的文章，向报馆投稿去，此外就无事可干了。

잉스의 동창들과 동료들은 모두 한 아파트에 모여 살았고 잉스도 곧 그 아파트로 이사를 갔다. 하루 종일, 아침이면 기정실로 가서 한나절 이야기를 나누고 저녁이면 돌아와서 친구들은 모두 나가 놀다가 밤 한두 시가 되어서야 속속 돌아오곤 했다. 때로는 아파트 안에서 마작을 하며 술을 마셨는데, 습관이 되어 월급을 받으면 모두 먹고 마시고 노는 데 다 써 버렸다. 잉스는 귀국한 지 얼마 되지 않았고 아직은 이런 나쁜 습관에 물들지 않았기 때문에 그저 혼자 방 안에서 등을 켜 놓고 책이나 신문을 보거나 했는데 처량하고 적적하기 그지 없었다. 어떤 때는 잠에서 깨어나면 들리는 것이라곤 술 마시면서 하는 숫자 맞추기 게임 소리나 서로 술을 권하느라 고래고래 질러대는 고함소리였는데, 그럴 때면 자신도 모르게 슬픔이 가슴속에서 솟아오르는 걸 어쩔수 없었다. 하지만 잉스는 친구들에게 하지 말라고 할 수가 없었다. 매번 이야기를 꺼낼 때마다 그들은 한바탕 불평을 쏟아 놓기 때문이다. 그 후로 잉스도 가끔 밖으로 나가서 기분 전환을 했고, 저녁에 선선할 때는 중앙공원에 가서 탁자에 한가로이 앉아 있거나, 아니면 나무 밑에서 책을 읽었다. 일요일에는 사진기를 들고 혼자 당나귀를 타고 시내를 빠져나가 곳곳의 명승고적들을 구경하면서 많은 풍경 사진들을 찍어 팡스에게 보내기도 했다. 또 어떤 때는 기정실에 있는 외국 잡지에 실린 글들을 번역해서 신문사에 기고하기도 했다. 이런 것들 말고는 할 일이 없었다.

支 zhī (예금 등을) 수령하다, (돈을) 내주다, 가불하다　薪水 xīnshuǐ 급료, 봉급　消耗 xiāohào 소모하다, 소비하다　沾染 zhānrǎn 물들다, 영향을 받다, 감염되다, 오염되다　猜拳 cāi quán 벌주 놀이를 하다, 술자리에서 하는 놀이의 일종, 손에 호박씨, 수박씨 또는 연밥, 잣, 바둑알 등을 쥐고 그것의 상태나 수량 및 색깔, 홀수, 짝수를 알아맞추는 놀이　行令 xínglìng 술자리에서 술을 권하는 놀이를 하다[=行酒令儿]　喝雉呼卢 hè zhì hū lú 짝수니 홀수니 하며 큰 소리로 떠들어대며 도박에 열중하다　牢骚 láosāo 불평, 불만, 불평하다　疏散 shūsàn (밀집된 사물이나 사람을) 분산시키다, 드문드문하다　驴子 lǘzi 당나귀　投稿 tóu gǎo 투고하다

有一天，一个同学悄悄的对英士说，"你知道我们的总长要更换了么？"英士说："我不知道，但是更换总长，与我们有什么相干？"同学笑道："你为何这样不明白世故，衙门里头，每换一个新总长，就有一番的更动。我们的位置，恐怕不牢，你自己快设法运动罢。"英士微微的笑了一笑，也不说甚么。

那夜正是正月十五，公寓里的人，都出去看热闹，只剩下英士一人，守着寂寞的良宵，心绪如潮。他想，"回国半年以后，差不多的事情，我都已经明白了，但是我还留连不舍的不忍离去，因为我八年的盼望，总不甘心落个这样的结果，还是盼着万一有事可为。半年之中，百般忍耐，不肯随波逐流，卷入这恶社会的旋涡里去。不想如今却要把真才实学，撇在一边，拿着昂藏七尺之躯，去学那奴颜婢膝的行为，壮志雄心，消磨殆尽。咳！我何不幸是一个中国的少年，又何不幸生在今日的中国……"

어느 날, 한 친구가 잉스에게 조용히 이야기를 건넸다. "자네 우리 총장이 곧 바뀌게 된다는 거 알고 있나?" "모르는데, 하지만 총장이 바뀌는 게 우리하고 무슨 상관이 있나?" 하고 잉스가 말하자 친구는 웃으며 말했다. "자넨 왜 이렇게 세상 돌아가는 이치를 잘 모르나. 관공서 안에선 총장이 바뀔 때마다 한 차례씩 인사이동이 있다네. 우리 자리도 단단하진 않을 걸. 자네도 빨리 방도를 마련해서 뭔가 대책을 세워야지" 하고 말했다. 잉스는 가볍게 웃기만 하며 아무 말도 하지 않았다.

그날 저녁은 바로 정월 대보름이었다. 아파트 사람들은 모두 구경을 하러 나가고, 아파트에는 잉스 혼자 남아서 적막한 밤을 지키고 있었다. 여러 가지 생각들이 조수처럼 밀려왔다. 잉스는 생각했다. '귀국한 지 반년이 지났고 이제 이곳 사정도 대부분 다 알게 되었는데, 그래도 아직 미련을 버리지 못하고 이곳을 떠나지 못하고 있는 건 8년간의 나의 기대가 이런 결과로 귀결되는 걸 받아들일 수가 없어서이며, 그리고 아직 만의 하나라도 할 만한 일이 있을까 하는 기대 때문이다. 반 년 동안 시대의 조류에 휩쓸리지 않고, 이 타락한 사회의 소용돌이에 말려들지 않으려고 백방으로 참으며 애써왔다. 그런데도 지금 진짜 재능과 실력은 한쪽으로 밀어놓고, 칠 척이나 되는 기세 당당한 몸으로 그런 치사하고 야비한 행동이나 배우면서 웅대한 뜻도 포부도 다 소진해 버리게 되는 일은 정말 하고 싶지 않다. 아! 나는 왜 불행하게도 중국의 청년이며, 또 불행하게도 오늘날의 중국에서 살고 있단 말인가……'

更换 gēnghuàn 바꾸다, 갈다, 교체하다, 인사이동하다　世故 shìgù 세상물정, 처세 경험　更动 gēngdòng 인사이동하다, 이동, 교체　运动 yùndong (어떤 목적을 달성하기 위해) 운동을 하다　良宵 liángxiāo 양소, 양야, 좋은 밤　心绪 xīnxù 마음, 기분, 정서　留连 liúlián (헤어지기가 섭섭해) 계속 머무르다　随波逐流 suí bō zhú liú 물결치는 대로 표류하다, 시대조류에 좌우되다　旋涡 xuánwō 소용돌이　撇 piē 버리다, 방치하다, 돌보지 않다　昂藏 ángcáng 기세당당하다

他想到这里,神经几乎错乱起来,便回头走到炉边,拉过一张椅子坐下,凝神望着炉火。看着它从炽红渐渐的昏暗下去,又渐渐的成了死灰。这时英士心头冰冷,只扶着头坐着,看着炉火,动也不动。忽然听见外面敲门,英士站起来,开了门,接进一封信来。灯下拆开一看,原来是芳士的信,说她今年春季卒业,父亲想送她到美国去留学,又说了许多高兴的话。信内还夹着一封美国工厂的来信,仍是请他去到美国,并说如蒙允诺,请他立刻首途等等。他看完了,呆立了半天,忽然咬着牙说:"去罢!不如先去到美国,把那件机器做成了,也正好和芳士同行。只是……可怜呵!我的初志,决不是如此的,祖国呵!不是我英士弃绝了你,乃是你弃绝了我英士啊!"这时英士虽是已经下了这去国的决心,那眼泪却如同断线的珍珠一般滚了下来。耳边还隐隐的听见街上的笙歌阵阵,满天的爆竹声声,点缀这太平新岁。

여기까지 생각하자 그는 거의 정신착란이 일어날 것만 같아, 고개를 돌려 난로가로 가서 의자를 끌어와 앉고는 난로의 불을 뚫어져라 바라보았다. 불이 붉게 타오르다가 점점 어두워지고, 다시 점점 더 사그라들어 재가 되는 걸 보았다. 그때 잉스의 마음도 싸늘하게 식었고, 잉스는 머리를 부여잡고 앉아서 난로의 불만 바라보고 있을 뿐 꼼짝도 하지 않았다. 갑자기 밖에서 문 두드리는 소리가 들려 잉스는 일어나서 문을 열었고, 편지 한 통을 받아 들어왔다. 등불 아래에서 편지를 뜯어보니, 팡스가 보낸 편지였다. 편지에는 팡스가 금년 봄에 졸업을 하며 아버지가 그녀를 미국에 유학 보내려고 하신다는 것과, 또 많은 신나는 일들을 써 놓았다. 편지 속에는 미국 공장에서 온 편지도 끼워져 있었다. 여전히 그에게 미국으로 와 달라는 것과 만약 허락한다면 당장 출발해 주었으면 한다는 등의 내용이 담겨 있었다. 편지를 다 읽고 나서 잉스는 한참 동안 멍하게 서 있더니 갑자기 이를 악물며 말했다. "가자! 우선 미국으로 가서 그 기계를 완성하는 게 낫겠다. 마침 팡스와 동행하게 되었으니. 다만…… 안타깝구나! 나의 애초의 뜻은 결코 이런 것이 아니었는데, 조국이여! 나 잉스가 당신을 버린 것이 아니라 당신이 나 잉스를 버린 것이오!" 이때 잉스는 비록 조국을 떠나기로 결심은 했지만 그 눈에서는 마치 줄이 끊어진 진주처럼 눈물이 굴러 떨어졌다. 귓가에는 이 태평한 새해를 장식하는 거리의 피리 소리들과 하늘 가득한 폭죽 소리들이 아직도 은은하게 들려오고 있었다.

炉 lú 화로 炽 chì 불길이 세다, 강성하다, 불사르다, 태우다 拆开 chāikāi (봉해진 것을) 뜯다 蒙 méng (어떤 은혜나 가르침 등을) 받다, 입다, 덮다 允诺 yǔnnuò 승낙하다, 윤허하다 首途 shǒutú 길을 떠나다, 출발하다 咬牙 yǎo yá 이를 악물다, 단호한 태도를 취하다 笙 shēng 생황 阵阵 zhènzhèn 이따금씩, 가끔, 간간이 点缀 diǎnzhui 점철하다, 장식하다, 돋보이게 하다

第二天英士便将辞职的呈文递上了，总长因为自己也快要去职，便不十分挽留。当天的晚车，英士辞了同伴，就出京去了。

到家的时候，树梢雪压，窗户里仍旧透出灯光，还听得琴韵铮铮。英士心中的苦乐，却和前一次回家大不相同了。走上楼去，朱衡和夫人正在炉边坐着，寂寂无声的下着棋，芳士却在窗前弹琴。看见英士走了上来，都很奇怪。英士也没说什么，见过了父母，便对芳士说："妹妹！我特意回来，要送你到美国去。"芳士喜道，"哥哥！是真的么？"英士点一点头。夫人道："你为何又想去到美国？"英士说："一切的事情，我都明白了，在国内株守，太没有意思了。"朱衡看着夫人微微的笑了一笑。英士又说："前天我将辞职呈文递上了，当天就出京的，因为我想与其在国内消磨了这少年的光阴，沾染这恶社会的习气，久而久之，恐怕就不可救药。不如先去到外国，做一点实事，并且可以照应妹妹，等到她毕业了，我们再一同回来，岂不是一举两得？"

다음 날 잉스는 바로 사직서를 제출했고, 총장은 자신도 곧 자리를 떠나야 하는 처지라서 그다지 만류하지 않았다. 그날 저녁 기차로 잉스는 동료들에게 작별 인사를 하고 베이징을 떠났다.

집에 도착했을 때 나뭇가지에는 흰눈이 쌓여 있고, 창문에서는 여전히 불빛이 새어 나왔으며, 쟁쟁거리는 악기 소리도 들려왔다. 그러나 잉스의 마음속에 있는 즐거움과 고민은 처음 집에 왔을 때와는 너무나 달랐다. 층계를 올라가 보니 주헝과 부인은 난로 가에 앉아서 조용히 바둑을 두고 있었고 팡스는 창가에서 현악기를 연주하고 있었다. 잉스가 올라오는 걸 보고는 모두 의아해했다. 잉스도 아무 말 없이, 부모님께 인사를 드리고는 곧 팡스에게 말했다. "누이야! 널 미국으로 데려가려고 특별히 돌아온 거란다." 팡스가 기뻐하며 말했다. "오빠! 진짜예요?" 잉스는 고개를 끄덕였다. 부인이 말했다. "너 어째서 다시 미국으로 가려는 거냐?" 잉스가 말했다. "이제 모든 걸 알았어요. 국내에서 아무것도 하지 않고 기다리기만 하는 건 너무나 의미가 없어요." 주헝은 부인을 보며 살며시 웃었다. 잉스는 또 말했다. "그저께 사직서를 제출했고 그날로 베이징을 떠났어요. 국내에서 젊은 시절을 소모하면서 이 타락한 사회의 관습에 물드는 것보다는—그렇게 오래 지나고 나면 정말로 구제할 방법이 없게 될 거예요—먼저 외국에 가서 실질적인 일을 하면서 또 동생도 돌봐 주고, 그러다가 동생이 졸업할 때 다시 함께 돌아오는 게 나을 것 같아서요. 그렇게 하면 일거양득이 아니겠어요?"

递 dì 넘겨주다, 전달하여 보내다, 차례차례로 하다 挽留 wǎnliú 만류하다 树梢 shùshāo 나뭇가지 끝 琴 qín 거문고, 피아노, 바이올린, 하모니카 등 악기의 총칭 韵 yùn 아름다운 음성, 듣기 좋은 소리 铮铮 zhēngzhēng 쇠가 부딪치는 소리, 쟁쟁거리는 소리 消磨 xiāomó (시간을) 헛되이 보내다, 닳다 照应 zhàoyìng 호응하다, 앞뒤가 맞다

朱衡点一点首说："你送妹妹去也好，省得我自己又走一遭。"芳士十分的喜欢道："我正愁父亲虽然送我去，却不能长在那里，没有亲人照看着，我难免要想家的，这样是最好不过的了！"

太平洋浩浩无边的水，和天上明明的月，还是和去年一样。英士凭在栏杆上，心中起了无限的感慨。芳士正在那边和同船的女伴谈笑，回头看见英士凝神望远，似乎起了什么感触，便走过来笑着唤道："哥哥！你今晚为何这样的怅怅不乐？"英士慢慢的回过头来，微微笑说，"我倒没有什么不乐，不过今年又过太平洋，却是我万想不到的。"芳士笑道，"我自少就盼着什么时候，我能像哥哥那样'扁舟横渡太平洋'。那时我才得意喜欢呢，今天果然遇见这光景了。我想等我学成归国的时候，一定有可以贡献的，也不枉我自己切望了一场。"这时英士却拿着悲凉恳切的目光，看着芳士说："妹妹！我盼望等你回去时候的那个中国，不是我现在所遇见的这个中国，那就好了！"

주형은 고개를 끄덕이며 말했다. "네가 동생을 데려가는 것도 좋은 일이지. 내가 직접 한 번 가야 하는 수고도 덜게 되고." 팡스는 너무나 기뻐하며 말했다. "아버지가 절 데려다 주신다고 해도 그곳에 오래 계시진 못할 테고, 날 돌봐 줄 가족이 없으면 집 생각이 나지 않을 수 없을 것 같아 걱정했는데, 이렇게 되니 너무너무 잘 되었어요!"

끝없이 펼쳐진 태평양의 물과 하늘의 밝은 달은 여전히 작년과 똑같았다. 잉스는 난간에 기대어 있었다. 가슴속에서 무한한 감개가 일었다. 팡스는 바로 옆에서 같은 배에 탄 여자와 담소를 나누다가 고개를 돌려 잉스가 먼 곳을 응시하고 있는 걸 보더니 무슨 느낌이 들었는지 다가와 웃으며 잉스를 불렀다. "오빠! 오늘밤엔 왜 이렇게 기분이 울적해요?" 잉스는 천천히 고개를 돌려 미소를 지으며 말했다. "뭐 울적할 일은 없고, 다만 올해 다시 태평양을 건너게 될 거라고는 전혀 생각지 못했거든." 팡스는 웃으며 말했다. "난 어렸을 때부터 언젠가 오빠처럼 '일엽편주로 태평양을 건너갈 수 있으려나' 고대했어요. 그때야 비로소 나는 자신감을 얻고 기뻐할 수 있을 텐데 하고요. 오늘 정말로 이런 상황을 만나게 되었네요. 공부를 다 마치고 귀국하게 되면 그땐 반드시 사회에 공헌할 게 있을 거예요. 내가 그토록 간절히 바라던 일도 헛되지 않을 거구요." 이때 잉스는 슬픔과 간절함이 담긴 눈빛으로 팡스를 바라보고 있었다. "누이야! 난 네가 돌아올 때의 그 중국이 지금 내가 만난 이 중국이 아니기를 간절히 바라고 있단다. 그럼 좋을 텐데!"

遭 zāo 번, 차, 회　不过 búguò (형용사 뒤에서) 대단히, 몹시　怅怅 chàngchàng 실망[실의]한 모양　扁舟 biǎnzhōu 작은 배, 편주　枉 wǎng 헛되이, 쓸데없이　切望 qièwàng 절실하게 바라다

연습문제 3

1 녹음을 듣고 빈칸에 들어갈 말을 써 넣으시오.

(1) 我（　　　）的想，心中觉得十分的（　　　）。

(2) 我不（　　　）你们的时候了，你们快办（　　　）罢！

(3) 半年之中，百般忍耐，不肯（　　　），卷入这恶社会的（　　　）里去。

2 본문을 읽고 다음 물음에 답하시오.

(1) 在回国的途中，英士心中充满着怎样的一种快乐和希望？

    A. 满怀抱腹，准备回国好好干一番事业

    B. 迫切的希望与马上回到祖国，马上见到亲爱的家人和亲密的伙伴

    C. 因为取得了全班第一名的成绩，希望马上得到父母的嘉奖

(2) 英士在到达家门时，为何又"不禁乐极，又有一点心怯"呢？

    A. 海外求学多年，只怕是家人都不记得自己的模样了

    B. 离家多年，家中的情景恐怕早已不是自己印象当中的样子

    C. 近乡情怯，游子在外多年，可越是走近家门口，心情却越是忐忑不安

(3) 英士回家的第二天为什么觉得心中不很痛快了呢?
   A. 家人都又忙各的，回到家中反而感觉更孤寂了
   B. 报纸上没有什么能提起英士的兴趣，兴志索然
   C. 看报后，国内情况不是自己所期望的，心情十分抑郁

3 본문의 내용과 일치하면 〇, 다르면 ×표를 하시오.

(1) 广州起事之前，因生死未卜，朱衡的心中忐忑和兴奋相互交织着，只觉得既不是悲惨，也不是快乐。（ ）
(2) 英士回国时满腔的热情就如燃烧的炭火一样从炽红渐渐昏暗，渐渐的成了死灰一般。（ ）
(3) 英士再去决定回到美国是因为他想把自己新发明的机器制造出来。（ ）

4 다음 문장을 자연스러운 우리말로 옮기시오.

(1) 我脑中的幻象，顷刻万变直到明月走到天中，舱面上玩月的旅客，都散尽了。

⋯▶

(2) 他们在公寓里打牌闹酒，都成了习惯，支了薪水，都消耗在饮博闲玩里。

⋯▶

一个兵丁

小玲天天上学，必要经过一个军营。他挟着书包儿，连跑带跳不住的走着，走过那营前广场的时候，便把脚步放慢了，看那些兵丁们早操。他们一排儿的站在朝阳之下，那雪亮的枪尖，深黄的军服，映着阳光，十分的鲜明齐整。小玲在旁边默默的看着，喜欢羡慕的了不得，心想："以后我大了，一定去当兵，我也穿着军服，还要掮着枪，那时我要细细的看枪里的机关，究竟是什么样子。"这个思想，天天在他脑中旋转。

这一天他按着往常的规矩，正在场前凝望的时候，忽然觉得有人附着他的肩头，回头一看，只见是看门的那个兵丁，站在他背后，微笑着看着他。小玲有些瑟缩，又不敢走开，兵丁笑问，"小学生，你叫什么？"小玲道，"我叫小玲。"兵丁又问道，"你几岁了？"小玲说，"八岁了。"兵丁忽然呆呆的两手挂着枪，口里自己说道，"我离家的时候，我们的胜儿不也是八岁么？"

한 병사

샤오링은 매일 학교에 갈 때마다 반드시 군부대를 지나야만 했다. 그는 책가방을 겨드랑이에 끼고 깡충깡충 뛰며 쉼 없이 달려가다가도, 그 군부대 앞 광장을 지날 때면 걸음을 늦추고 병사들이 아침 훈련하는 모습을 바라보곤 했다. 병사들이 아침 햇살 아래서 한 줄로 서 있으면, 눈부시게 빛나는 총끝과 진황색 군복이 햇빛에 비치어 무척이나 산뜻하고 가지런해 보였다. 샤오링은 옆쪽에서 묵묵히 바라보다가, 그 광경이 너무나 좋고 부러워서 마음속으로 생각했다. "앞으로 자라면 난 꼭 군인이 되어서, 군복을 입고 또 총도 멜 거야. 그땐 총 속에 있는 장치들이 대체 어떻게 생겼는지도 자세히 볼 거야." 이런 생각이 매일 샤오링의 머릿속을 맴돌았다.

이날도 샤오링은 늘상 하던 대로 광장 앞에 서서 정신없이 쳐다보고 있었다. 문득 누군가가 그의 어깨쪽으로 다가 오는 것 같아 고개를 돌려보니 문을 지키는 병사가 그의 뒤에 서서 미소를 지으며 바라보고 있었다. 샤오링은 약간 움츠러 들었지만 그렇다고 감히 자리를 뜨지도 못했다. 병사는 웃으며 물었다. "초등학생, 이름이 뭐지?" 샤오링이 "샤오링이에요" 하고 대답하자 병사는 또 물었다. "몇 살이야?" 샤오링이 "여덟 살이요" 하고 대답하자, 병사는 갑자기 멍해지더니 두 손으로 총을 받쳐 짚고서 혼잣말을 했다. "내가 집을 떠나올 때, 우리 성얼도 여덟 살이 아니었나?"

兵丁 bīngdīng 병졸, 병사, 병정 挟 jiā (겨드랑이에) 끼다 连跑带跳 lián pǎo dài tiào 나는 듯이 뛰어가다, 깡충깡충 뛰며 달리다 枪尖 qiāngjiān 총끝 齐整 qízhěng 정연하다, 흰칠하다, 멋지다 掮 qián 어깨에 메다 旋转 xuánzhuǎn 회전하다, 순회하다, 돌다 规矩 guīju 규칙, 규범, 표준 瑟缩 sèsuō 움츠러들다 呆呆的 dāidāide 멍하니, 멍청하게 拄 zhǔ (지팡이를) 짚다, (지팡이로 몸을) 지탱하다

小玲趁着他凝想的时候，慢慢的挪开，数步以外，便飞跑了。回头看时，那兵丁依旧呆立着，如同石像一般。

　　晚上放学，又经过营前，那兵丁正在营前坐着，看见他来了，便笑着招手叫他。小玲只得过去了，兵丁叫小玲坐在他的旁边。小玲看他那黧黑的面颜，深沉的目光，却现出极其温蔼的样子，渐渐的也不害怕了，便慢慢伸手去拿他的枪。兵丁笑着递给他。小玲十分的喜欢，低着头只顾玩弄，一会儿抬起头来。那兵丁依旧凝想着，同早晨一样。

挪开 nuókāi 치우다, 비키다, 이동하다　　只得 zhǐdé 부득이, 부득불, 할 수 없이
黧黑 líhēi 검다, 새까맣다　　温蔼 wēn'ǎi 자애롭다

샤오링은 병사가 생각에 잠겨 있는 틈을 타서 천천히 발을 옮겨, 몇 발짝 걸어 나가더니 곧 나는 듯이 달아났다. 돌아보니 그 병사는 여전히 마치 돌로 된 조각처럼 멍하니 서 있었다.

저녁에 수업이 끝나고 다시 부대 앞을 지나는데 마침 그 병사가 부대 앞에 앉아 있었다. 샤오링이 오는 걸 보더니, 웃으면서 손짓하며 샤오링을 불렀다. 샤오링은 그의 앞으로 갈 수밖에 없었고, 병사는 샤오링을 자기 옆에 앉게 했다. 샤오링은 그의 새카만 얼굴과 깊은 눈빛 속에 뜻밖에도 무척이나 온화한 모습이 있는 걸 보고는 차츰차츰 두려워하지 않게 되었고, 곧 천천히 손을 뻗어 그의 총을 잡았다. 병사는 웃으며 총을 그에게 건네주었다. 샤오링은 무척 좋아하면서 고개를 숙이고 노는 데 정신이 팔려 있다가 한참 후에야 고개를 들었다. 그 병사는 이른 아침처럼 여전히 그렇게 생각에 잠겨 있었다.

以后他们便成了极好的朋友，兵丁又送给小玲一个名字，叫做"胜儿"，小玲也答应了。他早晚经过的时候必去玩枪，那兵丁也必是在营前等着。他们会见了却不多谈话，小玲自己玩着枪，兵丁也只坐在一旁看着他。

小玲终竟是个小孩子，过了些时，那笨重的枪也玩得腻了，经过营前的时候，也不去看望他的老朋友了。有时因为那兵丁只管追着他，他觉得厌烦，连看操也不敢看了，远望见那兵丁出来，便急忙走开。

可怜的兵丁！他从此不能有这个娇憨可爱的孩子，和他作伴了。但他有什么权力，叫他再来呢？因为这个假定的胜儿，究竟不是他的儿子。

但是他每日早晚依旧在那里等着，他藏在树后，恐怕惊走了小玲。他远远地看着小玲连跑带跳的来了，又嘻笑着走过了，方才慢慢的转出来，两手拄着枪，望着他的背影，临风洒了几点酸泪——

他几乎天天如此，不知不觉的有好几个月了。

그 후로 그들은 아주 친한 친구가 되었다. 병사는 또 샤오링에게 '성얼' 이라는 이름 하나를 선물로 주었고, 그렇게 부르면 샤오링도 거기에 대답을 했다. 샤오링이 아침 저녁으로 부대 앞을 지날 때면, 반드시 총을 가지고 놀려고 갔으며, 그 병사도 어김없이 부대 앞에서 기다리고 있었다. 그들은 만나면 많은 이야기를 나누지 않았다. 샤오링은 혼자 총을 가지고 놀고, 병사는 단지 옆에 앉아서 그를 보고 있기만 했다.

하지만 샤오링은 결국 아이는 아이였다. 시간이 흐르면서 샤오링은 그 무거운 총을 가지고 노는 데 싫증이 났고, 부대 앞을 지날 때도 오랜 친구를 보러 가지 않았다. 어떤 때는 그 병사가 그를 따라 다니는 게 귀찮고 싫어서 훈련 구경도 하지 않으려 했고, 멀리서 그 병사가 나오는 것만 보이면 당장 서둘러 달아나곤 했다.

불쌍한 병사! 이때부터 그는 이 천진난만하고 귀여운 아이하고 짝이 될 수 없었다. 그러나 그가 무슨 권리로 그 아이를 다시 오게 할 것인가? 그가 성얼이라고 가정한 이 아이는 결국은 그의 아이가 아닌 것을.

그러나 그는 매일 아침 저녁으로 여전히 그 자리에서 기다리면서 샤오링이 놀라 달아날까봐 나무 뒤에 숨어 있었다. 멀리서 샤오링이 깡충깡충 뛰어왔다가 히죽거리며 지나가는 모습을 보면, 그제서야 그는 천천히 돌아 나와 두 손으로 총을 받쳐 짚고는 아이의 뒷모습을 바라보며, 바람을 맞으며 가슴 아픈 눈물을 떨구었다.

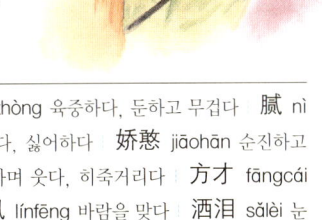

병사가 거의 매일을 그렇게 보내는 동안에 어느새 몇 달의 시간이 지나갔다.

终竟 zhōngjìng 결국, 마침내 笨重 bènzhòng 육중하다, 둔하고 무겁다 腻 nì 싫증나다, 물리다 厌烦 yànfán 귀찮아 하다, 싫어하다 娇憨 jiāohān 순진하고 귀엽다, 천진난만하다 嘻笑 xīxiào 장난하며 웃다, 히죽거리다 方才 fāngcái 방금, 이제, 막, ~해서야 비로소, 겨우 临风 línfēng 바람을 맞다 洒泪 sǎlèi 눈물을 떨구다

　　这一天早晨，小玲依旧上学，刚开了街门，忽然门外有一件东西，向着他倒来。定睛一看，原来是一杆小木枪，枪柄上油着红漆，很是好看，上面贴着一条白纸，写着道，"胜儿收玩　爱你的老朋友——"

　　小玲拿着枪柄，来回的念了几遍，好容易明白了。忽然举着枪，追风似的，向着广场跑去。

　　这队兵已经开拔了，军营也空了——那时两手拄着枪，站在营前，含泪凝望的，不是那黧黑慈蔼的兵丁，却是娇憨可爱的小玲了。

 그날 아침에도 샤오링은 언제나처럼 학교에 가려고 길쪽으로 난 문을 열었는데, 갑자기 문 밖에 있던 물건 하나가 그에게로 쓰러졌다. 가만히 보니 그것은 작은 나무 소총이었다. 총 자루에는 붉은 칠이 되어 있었고 무척이나 예뻤다. 총 위에는 종이 하나가 붙어 있었는데, 거기에는 "성얼, 가지고 놀렴. 너를 사랑하는 오랜 친구가—"라고 쓰여 있었다.

 샤오링은 총 자루를 잡고 되풀이해서 몇 번을 읽고 나서야 가까스로 그 의미를 이해했다. 샤오링은 갑자기 총을 들고 바람을 쫓듯이 광장을 향해 달려갔다.

 그 부대의 병사들은 이미 주둔지를 이동했고 부대는 텅 비어 있었다. 그때, 두 손으로 총을 받쳐 짚고 부대 앞에 서서 눈물을 머금고 먼 곳을 응시한 사람은 그 새카만 얼굴의 자상한 병사가 아니라 천진난만하고 사랑스러운 샤오링이었다.

定睛 dìngjīng 눈여겨보다, 주시하다　杆 gān 막대, 장대　枪柄 qiāngbǐng 총자루　漆 qī 칠하다, 까맣다　开拔 kāibá (군대가) 주둔지를 출발하다, 이동하다　慈蔼 cí'ǎi 상냥하고 온화하다

연습문제 4

1 본문을 읽고 다음 물음에 답하시오.

(1) 下面句子中和原文意思最相符的是 ──
　　A. 小玲每天上学时都要经过那个军营
　　B. 小玲每天上学时必要经过那个军营
　　C. 小玲每天上学时必会经过那个军营

(2) 小玲脑子里天天真正旋着的思想是什么？
　　A. 长大了，我一定要去当兵
　　B. 我也要穿着军服，还要掮着枪
　　C. 我要细细的看着枪里的机关，究竟是什么样子

(3) 兵丁为什么要把儿子的名字"胜儿"送给小玲？
　　A. 小玲娇憨可爱，和他的儿子很像
　　B. 他和小玲之间建立起了一份类似父子般的感情
　　C. 他在小玲身上寻找儿子的影子，把自己的父爱通过小玲表达给胜儿

2 본문의 내용과 일치하면 ○, 다르면 ×표를 하시오.

(1) 小玲很羡慕那些当兵的人。（　）
(2) 小玲刚认识那个兵丁时很怕他。（　）
(3) 小玲最终开始厌烦当兵的人了。（　）

132

3 녹음을 듣고 빈칸에 들어갈 말을 써 넣으시오.

(1) 他(　　)着书包儿, (　　　　)不住的走着。

(2) 小玲趁着他(　　　)的时候, 慢慢的(　　　), 数步以外, 便飞跑了。

(3) 过了些时, 那(　　　)的枪也玩得(　　)了。

4 다음 문장을 자연스러운 우리말로 옮기시오.

(1) 小玲看他那黧黑的面颜, 深沉的目光, 却现出极其温蔼的样子, 渐渐的也不害怕了。

⋯▶

(2) 他每日早晚依旧在那里等着, 藏在树后, 恐怕惊走了小玲。

⋯▶

5 다음 문장을 자연스러운 중국어로 옮기시오.

(1) 그는 귀찮고 지겨워, 멀리서 그 병사가 나오는 게 보이면 서둘러 달아났다.

⋯▶

(2) 그는 총을 들고는 바람을 쫓듯이 광장을 향해 달려갔다.

⋯▶

一个奇异的梦

前些日子,我得了一次很重的热病。病中见了一个异象,是真是幻,至今还不能明白。

那一天是下午,我卧在床上。窗帘垂着,廊下的苇帘也放着,窗外的浓荫,绿水般渗透到屋里来。微微的凉风,和着鸟声蝉声,都送到我耳中。我那时的神志,稍微的清醒一些,觉得屋里洁净无尘,清静的很。母亲坐在床沿,一面微笑着和我轻轻的谈话;一面替我理着枕边的乱发,但是脸上却堆着忧愁。

이상한 꿈

며칠 전, 난 심한 열병을 한차례 앓았다. 앓는 동안에 기이한 형상을 보았는데, 그것이 진짜였는지 환영이었는지는 지금까지도 분명하지가 않다.

그날 오후에 난 침대에 누워 있었다. 커튼이 쳐져 있었고, 처마 밑의 갈대발도 내려져 있었다. 창밖의 녹음이 푸른 물처럼 방 안으로 스며들어 왔다. 가볍게 불어오는 시원한 바람이 새소리, 매미소리와 어우러져 내 귓가로 전해져 왔다. 난 그때 정신이 조금 맑아져서, 방 안이 먼지 하나 없이 깨끗하고 너무나 조용하다는 걸 느꼈다. 어머니는 침대가에 앉으셔서 미소를 지은 채 나와 조용조용 이야기를 나누시면서 베개 옆에 흐트러져 있는 내 머리카락을 가지런하게 만져주고 계셨지만, 그 얼굴에는 수심이 그득 쌓여 있었다.

异象 yìxiàng 기이한 형상 窗帘 chuānglián 창문의 커튼 垂 chuí 드리우다, 늘어뜨리다 苇帘 wěilián 갈대발 浓荫 nóngyīn 짙은 나무 그늘 渗透 shèntòu 삼투하다, 스며들다, 침투하다 蝉 chán 매미 神志 shénzhì 정신, 의식 理 lǐ 정리하다, 다듬다

病人的看护者，对于病人病症的增减，是应镇定安详，不动声色的。但是专以看护为职务的，和病人不是亲属，没有什么感情，自然容易守这个原则。至于母子之间，因为有天性里发出来的感情，虽然勉强压抑，总难免流露出来。所以我今天的病状，从我母亲脸上看来，就知道一定是很危险的了，心里不觉有一点骇怕。

我疲倦已极，也不愿意说话，只注目看着我母亲。母亲穿一件白纱衫子；拿着一把扇子，轻轻的扇着；头上戴着簪子，似乎要落下来。我想要告诉母亲，请她把簪子戴好，或是拔下来，心里虽这样想，口中却懒得说。一会儿眼睛很倦，慢慢的闭上，隐隐约约的还看见母亲坐在那里，以后蒙胧睡去，便看不见了。

환자를 간호하는 사람은 환자의 병세가 호전되거나 악화되는 것에 대해 냉정하고 침착해야 하며, 그것 때문에 말소리나 표정이 달라지지 않아야 한다. 하지만 오로지 간호만을 직업으로 삼고 있는 사람이고, 환자와 가족 관계가 아니라서 어떤 특별한 감정도 없는 사람이라면 물론 이 원칙을 지키기가 쉽겠지만, 부모 자식간이 되면 천성적으로 우러나오는 감정 때문에 애써 억제하려고 해도 결국은 감정이 밖으로 드러나지 않을 수가 없는 것이다. 그러므로 나의 오늘의 병세는 어머니의 얼굴을 통해 보건데, 분명 무척이나 위험한 상태라는 것을 알 수 있었고, 그 때문에 마음속으론 나도 모르게 조금 겁이 났다.

　나는 이미 너무 피곤했고 또 말하고 싶지도 않았기 때문에 그저 어머니만 유심히 바라보고 있었다. 어머니는 백사 부인복을 입고, 부채를 들고 가볍게 부채질을 하고 있었다. 머리에는 비녀를 꽂고 있었는데 금방이라도 떨어져 내릴 것만 같았다. 난 어머니에게 비녀를 잘 꽂거나 아니면 뽑아 버리라고 말하고 싶었지만 마음속으론 이렇게 생각하면서도 입으론 말하기가 귀찮았다. 조금 후 눈이 피곤해져 천천히 눈을 감았다. 어머니가 거기 앉아 있는 모습이 아직까지 희미하게 보이더니, 그 후 몽롱하게 잠에 빠져들어 더 이상 보이지 않았다.

病症 bìngzhèng 병의 증세, (질)병　镇定 zhèndìng 진정하다, 침착하다, 냉정하다　安详 ānxiáng 침착하다　声色 shēngsè 말소리와 표정　亲属 qīnshǔ 일가친척, 혈육, 친속　骇怕 hàipà 겁내다, 무서워하다　纱 shā 가볍고 가는 실로 짠 직물　衫子 shānzi (옛날) 부인의 복장　簪 zān 비녀　拔 bá (잡아당겨) 빼다, 뽑다　懒得 lǎnde ~하는 것이 귀찮다, ~할 마음이 내키지 않다　隐约 yǐnyuē 어렴풋하다, 희미하다　朦胧 ménglóng (감각 등이) 어렴풋하다, 불분명하다

我虽然仿佛睡着，心里却还清楚。我想我的病许是没有什么盼望了。我不过是一个小孩子，无论对于哪一方面，生存与否，都是没有什么大关系的。而且像这样的社会，活着也没有什么快乐，脱去倒也干净，只是我的父母一定要伤心的。想到这里，心头一颤，忽然觉得帘子微微的动了一动，走进一个人来。

他愈走愈近，只是眉目须发，都看不清楚，好像一团白雾，屯在屋子当中。那时我倒一点也不觉得骇怕，很从容的自己想道，"我要死了，难道还怕什么鬼怪，我们一块儿走罢。"

话虽这样说，再也不能合上眼，只凝视着他。他也依旧站着不动。过了半天，忽然我的心弦颤动起来，发出清澈的声音，划破沉寂的空气，问道："你是谁？"他说，"我是你的债主。"

心头 xīntóu 마음(속), 가슴(속)　颤 zhàn 벌벌 떨다　眉目 méimù 눈썹과 눈, 생김새를 가리킴　须发 xūfà 수염과 머리카락　屯 zhūn 곤란하다, 머뭇거리다, 망설이다　心弦 xīnxián 심금, 흉금　清澈 qīngchè 투명하다, 깨끗하다, 맑다　划破 huápò 휘저어 찢다, 째다　债主 zhàizhǔ 채권자

　잠이 든 것 같았는데, 마음은 오히려 더 또렷해졌다. 나는 나의 병이 어쩌면 아무 희망이 없을지도 모른다고 생각했다. 난 어린아이에 불과하기 때문에 어떤 면에 있어서도 살아 있는 것과 그렇지 않은 것이 모두 별 상관은 없었다. 게다가 이런 사회에서는 살아도 별 기쁨이 없고, 모든 걸 벗어 버리면 차라리 깨끗할 것 같았다. 다만 우리 부모님은 분명히 상심하시겠지. 여기까지 생각하니, 가슴이 떨렸다. 그때 갑자기 커튼이 가볍게 흔들리는 것 같더니 한 사람이 걸어 들어왔다.

　그는 점점 더 가까이 다가왔지만 이목구비는 뚜렷하게 보이지 않았고, 마치 한 덩어리의 흰 안개가 방에 자리잡고 있는 것 같았다. 그때 난 전혀 두렵다는 생각이 들지 않았고, 아주 차분하게 혼자 생각했다. '난 곧 죽을 건데 설마 여전히 귀신 같은 것을 무서워하겠어? 우리 같이 가자.'

　비록 말은 이렇게 했지만 다시는 눈을 붙일 수가 없어서 그를 뚫어지게 바라보고만 있었다. 그도 여전히 선 채로 꼼짝하지 않았다. 한참 지나고 난 뒤, 갑자기 나의 마음의 현이 울리기 시작하더니, 맑은 소리가 울려 나와 무겁게 가라앉아 있던 공기를 깨뜨리며 물었다. "당신은 누굽니까?" 그가 말했다. "나는 당신의 채권자요."

这时我静静的躺着,身子都不动,我的心却朗朗的和他说话。

我说,"我并没有该谁的债,也更没有该你这素不相识的人的债,我要走了,你不必再来搅我。"他说,"为的是你要走,才来会一会你,你该了我的债,你不能随随便便的走呵。"他说这话的时候,声音很严重,如同命令一般。

我急着说,"你到底是谁?我也不知道什么时候该你的债,可否请我的父母替我还了,我年纪还小,经济不能独立呵。"

他笑说,"我名叫社会。从你一出世,就零零碎碎的该了我不少的债,你父母却万万不能替你还,因为他们也自有他们应还我的债,而且你所应还的也不尽是金钱呵。"

朗朗 lǎnglǎng (소리가) 낭랑하다, 밝은 모양　该债 gāi zhài 빚지다　素不相识 sù bù xiāng shí 전혀 안면이 없다　严重 yánzhòng 심각하다, 엄중하다　零零碎碎 línglingsuìsuì 자질구레하다, 소소하다

이때 난 조용히 누운 채 몸을 움직이지 않았지만, 마음은 오히려 밝아져서 그와 이야기를 나누었다.

"난 결코 누구의 빚을 진 적이 없어요. 게다가 당신처럼 전혀 안면도 없는 사람에게 빚을 진 적은 더더욱 없구요. 난 곧 떠나요. 그러니 당신은 다시 나를 귀찮게 하러 올 필요 없어요." 내가 이렇게 말하자 그는 "당신이 떠나려 하기 때문에 그래서 바로 내가 당신을 만나러 온 거요. 당신은 내게 빚을 졌으니 당신 마음대로 갈 수는 없소" 하고 말했다. 이 말을 할 때, 그의 목소리는 너무나 엄숙해서 마치 명령을 하는 것 같았다.

난 급히 말했다. "당신은 대체 누구죠? 언제 당신에게 빚을 졌는지 나도 몰라요. 제 부모님께 대신 빚을 갚아달라고 하면 안 될까요? 전 아직 나이가 어려서 경제적으로 독립할 수 없어요."

그는 웃으면서 말했다. "내 이름은 사회요. 당신은 세상에 나온 때부터 자잘하게 내게 많은 빚을 졌소. 당신의 부모는 절대로 당신 대신 갚을 수 없소. 왜냐하면 그들 자신도 내게 갚아야만 하는 빚이 있기 때문이요. 게다가 당신이 갚아야 하는 건 단지 돈만이 아니요."

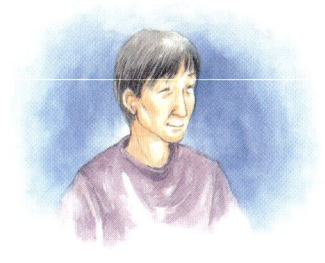

我说,"我应还的是什么?你说明白了,我便要还你。"

他说,"你在精神和物质方面的必需和要求,随时随地,没有不由我供给的,你想你所应还的债多不多,难道可以随便走么?"

我便冷笑说,"我从你那里所得的,只有苦痛,忧患罪恶,我天赋的理性,都被你磨灭得小如泥沙,难道还要感你的情么?假如你能将一切你所给我的原物要回,我倒喜欢呢。我不多时要走了,你挽留我也无益呵。"

他似乎沉下脸来说,"你现在先静一静你的脑筋,不要本着兴奋的感情,随口乱说。你自己再想一想,难道你从我这里所得的,尽是忧患苦痛罪恶么?"

我这时忽然有点气馁,觉得他须眉奕奕,凛若天神,一时也不敢答应。

내가 말했다. "내가 갚아야 하는 게 뭐죠? 당신이 분명하게 말해주면 갚을게요."

그가 말했다. "정신적인 면에서나 물질적인 면에서 당신의 필요와 요구는 모두 수시로, 곳곳에서 나에 의해 공급되지 않은 것이 없소. 당신은 당신이 내게 갚아야 하는 빚이 많다고 생각하오, 적다고 생각하오? 설마 마음대로 가 버려도 된다고 생각하는 건 아니겠죠?"

나는 곧 냉소를 지으며 말했다. "내가 당신에게서 얻은 건 고통과 근심, 죄악뿐이에요. 내가 하늘로부터 부여 받은 이성은 모두 당신에 의해 마모되어 모래처럼 작아졌는데, 그런데도 당신의 은혜에 감사해야 하나요? 만약 당신이, 당신이 내게 준 원래의 물건들을 모두 돌려 받으려 한다면 난 오히려 기뻐요. 난 얼마 안 있으면 떠나야 하니 당신이 나를 붙잡아도 소용이 없죠."

그는 침통한 듯한 표정으로 말했다. "당신은 지금 우선 당신의 머리를 차분하게 가라앉히고, 흥분한 감정에서 입에서 나오는 대로 말하지 마시오. 당신 스스로 다시 잘 생각해 보시오. 당신이 내게서 얻은 게 정말 근심과 고통, 죄악뿐이라는 거요?"

이때 난 갑자기 기가 좀 꺾였는데, 그가 이목구비가 뚜렷하고, 엄숙한 기상이 천상의 신 같다는 생각이 들어서 순간적으로 감히 대답을 하지 못했다.

天赋 tiānfù 선천적인 것, 천부 挽留 wǎnliú 만류하다 沉脸 chén liǎn 침통한 표정을 짓다, 어두운 얼굴을 하다 脑筋 nǎojīn 지능, 두뇌, 머리 本着 běnzhe ~에 근거하여 馁 něi 굶주리다, 사기가 떨어지다, 용기를 잃다, (생선이) 상하다 奕奕 yìyì 생생하다, 활기 있다 凛 lǐn 엄숙하다, 늠름하다

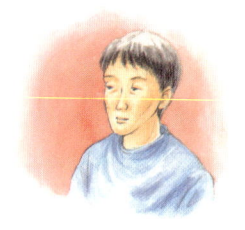
他又说,"你稍微的加一点思索,便可知道我所付与你的,都是答应你的要求,虽不能说都能使你满意,却可以促你的进步。假使我从来不给你快乐,你如何知道苦痛;从来不给你善美,你如何知道罪恶。这便是我造就、勉励你的苦心了。谁知你全不想到这个,把从我这里所取去的,全不认帐。岂不是一个忘恩负义的青年,半点的价值都没有么?"

我一面听着,毛骨悚然,置身无地,不禁流泪说,"我已经明白了我的过错,也知道了你的恩典,求你再告诉我怎样的还你的债。"

他的颜色渐渐的和悦了,说,"你知道了便好,现在积极做去,还不晚呢。如今有许多的青年,都是不但白受了恩典,还要说我不应当拿这恩典去使他感苦痛;不说他自己的卑怯,反要怪我恶虐,任意将他该我的重债,一笔勾销,决然自去。就像你方才想脱离了我,你个人倒自由干净,却不知你既该了我的债,便是我的奴仆,应当替我服务。

그는 다시 말했다. "당신이 조금만 더 생각해 보면 내가 당신에게 준 것들은 모두 당신의 요구에 대한 응답이었다는 걸 알 수 있을 거요. 비록 그것들이 모두 당신을 만족시킬 수 있었다고 말할 순 없지만 그것은 오히려 당신의 발전을 촉진시킬 순 있었죠. 만약 내가 당신에게 지금까지 한 번도 기쁨을 준 적이 없다면 당신이 어떻게 고통을 알겠소? 만약 당신에게 선함과 아름다움을 한 번도 준적이 없다면 당신이 어떻게 죄악을 알겠소? 이게 바로 내가 당신을 만들어 나가고, 당신을 독려하느라 애쓰는 마음이요. 당신이 그런 건 전혀 생각하지 않고 내게서 가져간 것을 모두 빚으로 인정하지 않을 줄 누가 알았겠소? 그게 어찌 배은망덕한 청년이 아니며, 한 푼의 가치도 없는 짓이 아니겠소?"

나는 들으면서 모골이 송연해지고 몸 둘 바를 몰라 자신도 모르게 눈물을 흘리며 말했다. "이제 나의 잘못을 분명하게 알았어요. 당신의 은혜도 분명하게 알았구요. 어떻게 하면 당신의 빚을 갚을 수 있는지 제발 다시 한 번 이야기해 주세요."

그의 얼굴빛이 차츰차츰 부드럽고 밝아졌다. "당신이 알았으면 됐소. 이제부터 적극적으로 해 나간다면 아직도 늦지 않았소. 요즘 많은 청년들이 모두 은혜를 거저 받을 뿐만 아니라, 또한 내가 이 은혜로 그들을 고통스럽게 해서는 안 된다고 말하오. 자신의 비겁함은 이야기하지 않고, 도리어 내가 잔인해서 마음대로 그에게 나의 무거운 빚을 지운다고 비난하며 단번에 그것들을 다 지워 버리고는 결연히 혼자 가 버리오. 바로 당신이 방금 나를 떠나려고 했던 것처럼 당신 개인은 오히려 자유롭고 깨끗하겠지만, 당신이 이미 내 빚을 졌으면 나의 종이 된 것이고, 마땅히 나를 위해 봉사해야 한다는 건 모르는 것이지.

付与 fùyǔ 넘겨주다, 주다 造就 zàojiù 기르다, 양성하다 勉励 miǎnlì 고무 격려하다 毛骨悚然 máo gǔ sǒng rán 모골이 송연하다, 머리카락이 곤두서고 소름이 쫙 끼치다 恩典 ēndiǎn 은혜, 은혜를 베풀다 和悦 héyuè 온화하고 상냥하다 卑怯 bēiqiè 비겁하다 一笔勾销 yì bǐ gōu xiāo 일소하다, 무효로 하다, (빚을) 청산하다 决然 juérán 절대로, 도저히, (결심 등이) 확고하다, 결연하다

我若不来告诫你，恐怕你至终不知道你的过错，因此我便应念而至……"

我挣扎着要想坐起来，却没有气力，只伏枕哭道，"谢谢你，从今以后，我立誓不做一个忘恩负义的青年。"

忽然铮的一声，心弦不响了，白雾也消灭了，心里渐渐的苏醒过来。

母亲摇我说，"醒来！醒来！不要哭，我在这里呢。"我睁开眼，拉着母亲的手，自己觉得心跳得很微，脸上泪和汗流在一处，定了一定神，便扶着坐起来。母亲看着我，满脸堆笑说，"你似乎好了许多，也有精神了，你刚才做了恶梦么？"

我慢慢的对母亲说我的梦境。

一天——两天之后，我便大好了。

만약 내가 와서 당신을 깨우쳐 주지 않았다면 어쩌면 당신은 끝까지 당신의 잘못을 몰랐을 거요. 그래서 내가 이렇게 생각난 김에 온 거요······."

난 일어나려고 애를 썼지만 힘이 없었고, 그저 베개 위에 엎드려 울며 말했다. "고마워요. 지금부턴 배은망덕한 청년이 되지 않겠다고 맹세할 게요."

문득 쟁그랑 하는 소리가 나더니 마음이 더 이상 울리지 않았고, 흰 안개도 사라져 버리고, 차츰차츰 정신이 깨어났다.

어머니가 나를 흔들며 말했다. "일어나렴! 일어나! 울지 말고. 내가 여기 있잖니." 나는 눈을 뜨고, 어머니의 손을 잡았다. 심장이 아주 약하게 뛰고 있었고, 얼굴에는 눈물과 땀이 한데 흐르고 있는 것 같았다. 정신을 차리고 어머니를 붙잡고 일어났다. 어머니는 나를 보며 만면에 웃음을 띤 채 말했다. "너 많이 좋아진 것 같구나. 정신도 좀 난 것 같고. 방금 악몽을 꾸었니?"

난 천천히 어머니에게 내 꿈 이야기를 했다.

하루, 이틀이 지난 후 난 아주 많이 좋아졌다.

告诫 gàojiè 훈계하다, 경고하다 应念 yìngniàn 생각에 따르다 挣扎 zhēngzhá 발버둥치다, 힘써 버티다 立誓 lì shì 맹세하다 苏醒 sūxǐng 의식이 깨어나다, 소생하다 定神 dìng shén 주의력을 집중하다, 마음을 진정시키다 扶 fú (손으로) 붙잡다, 기대다, 손으로 일으키다

연습문제 5

1 본문의 내용과 일치하면 O, 다르면 ×표를 하시오.

(1) 母亲努力想对作者隐瞒他的病情。（ ）

(2) 作者起初觉得人活在世上也只是增添痛苦而已。（ ）

(3) 作者最后终于明白自己应当回报这个社会一些有价值的东西。（ ）

2 본문을 읽고 다음 물음에 답하시오.

(1) 下面句子中不符合原文意思的一句是 ——
  A. 作者觉得自己的病应该是没事了
  B. 作者觉得自己的病可能是没救了
  C. 作者觉得自己的病也许是没法治了

(2) 原文中"我并没有该谁的债"的"该"的用法一样的是 ——
  A. 这个名额原本就该是他的
  B. 这本书是你该他的，你就给他吧
  C. 这件事该由他来

(3) 下面句子中和"他的颜色渐渐的和悦了"中的"颜色"意思不一样的是 ——
  A. 我看你的颜色不对，还是先休息一下吧
  B. 他一瞧对方的颜色不对，马上把要说的话吞了回去
  C. 你这个颜色不对，还是再换一下吧

모범답안 190페이지

3 녹음을 듣고 빈칸에 들어갈 말을 써 넣으시오.

(1) 忽然我的(　　)颤动起来, 发出(　　)的声音, 划破(　　)的空气。

(2) 我从你那里所得的, 只有苦痛, (　　)罪恶, 我天赋的理性, 都被你(　　)得小如泥沙。

(3) 我一面听着, 毛骨(　　), 置身无地, (　　)流泪。

4 다음 문장을 자연스러운 우리말로 옮기시오.

(1) 病人的看护者, 对于病人病症的增减, 是应镇定安详。

⋯▶

(2) 一会儿眼睛很倦, 慢慢的闭上, 隐隐约约的还看见母亲坐在那里, 以后朦胧睡去, 便看不见了。

⋯▶

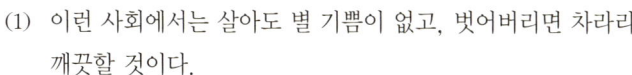

5 다음 문장을 자연스러운 중국어로 옮기시오.

(1) 이런 사회에서는 살아도 별 기쁨이 없고, 벗어버리면 차라리 깨끗할 것이다.

⋯▶

(2) 설마 내게서 얻은 것이 단지 근심과 고통뿐입니까?

⋯▶

149

我的母亲

谈到女人,第一个涌上我的心头的,就是我的母亲,因在我的生命中,她是第一个对我失望的女人。

在我以前,我有两个哥哥,都是生下几天就夭折的,算命的对她说:"太太,你的命里是要先开花后结果的,最好能先生下一个姑娘,庇护以后的少爷。"因此,在她怀我的时候,她总希望是一个女儿。她喜欢头生的是一个姑娘,会帮妈妈看顾弟妹、温柔、体贴、分担忧愁。不料生下我来,又是一个儿子。在合家欢腾之中,母亲只是默然的躺在床上。祖父同我的姑母说:"三嫂真怪,生个儿子还不高兴!"

涌 yǒng 물이 솟아나다, 갑자기 한꺼번에 나타나다 夭折 yāozhé 젊어서 죽다, 요절하다 算命 suàn mìng (운수, 운세를) 점치다 庇护 bìhù 비호하다, 감싸 주다 体贴 tǐtiē 자상하게 돌보다 欢腾 huānténg 매우 기뻐하다, 기뻐 날뛰다

나의 어머니

여인을 이야기하면 내 마음속에 제일 먼저 떠오르는 건 바로 나의 어머니다. 내 삶 속에서 어머니는 첫 번째로 내게 실망한 여인이었기 때문이다.

내 앞에 두 명의 형이 있었지만 둘 다 나은 지 며칠이 안 되어 죽고 말았다. 점쟁이는 어머니에게 "마님, 마님의 명에는 먼저 꽃이 피고 나서 열매를 맺어야 합니다. 먼저 아가씨를 하나 낳아서 그 뒤의 도련님을 지킬 수 있게 하시는 게 가장 좋습니다"라고 말했다. 이 때문에 어머니는 나를 임신하셨을 때, 줄곧 딸이기를 바라셨다. 어머니는 첫째가 딸이어서 어머니를 도와 동생들을 보살피고, 온유하고 자상하며, 함께 걱정 근심을 나눌 수 있기를 바라셨다. 그러나 뜻밖에 나를 낳고 보니, 또 아들이었다. 온 가족이 기뻐하는 가운데 어머니만은 말없이 침대 위에 누워 계셨다. 할아버지가 고모에게 말씀하셨다. "셋째 언니는 정말 이상하구나. 아들을 낳고도 기뻐하지 않다니!"

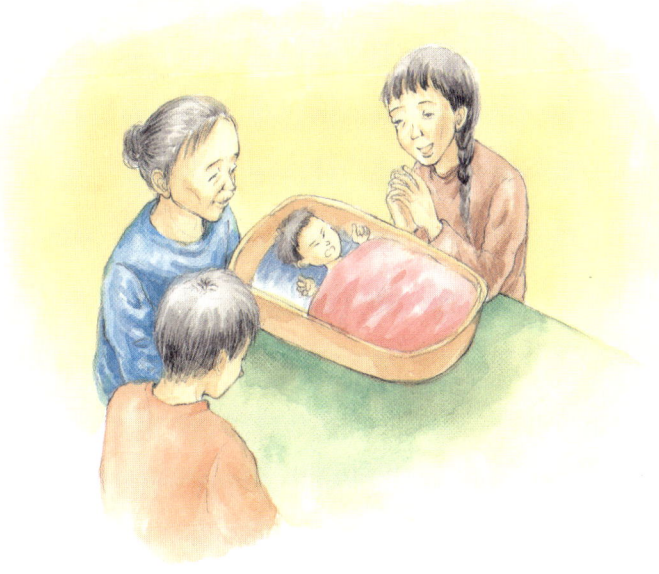

母亲究竟是母亲，她仍然是不折不扣的爱我，只是常常念道："你是儿子兼女儿的，你应当有女儿的好处才行。"我生后三天，祖父拿着我的八字去算命。算命的还一口咬定这是女孩的命，叹息着说："可惜是个女孩子，否则准作翰林。"母亲也常常拿我取笑说："如今你是一个男子，就应当真作个翰林了。"幸而我是生在科举久废的新时代，否则，以我的才具而论，哪有三元及第荣宗耀祖的把握呢？

在我底下，一连串的又来了三个弟弟，这使母亲更加失望。然而这三个弟弟倒是个个留住了。当她抱怨那个算命的不灵的时候，我们总笑着说，我们是"无花果"，不必开花而即累累结实的。

母亲对于我的第二个失望，就是我总不想娶亲。直至去世时为止，她总认为我的一切，都能使她满意，所差的就是我竟没有替她娶回一位，有德有才而又有貌的媳妇。其实，关于这点，我更比她着急，只是时运不济，没有法子。

그러나 어머니는 필경 어머니였다. 어머니는 역시 조금도 모자람이 없게 나를 사랑해 주셨다. 다만 종종 "넌 아들 겸 딸이다. 넌 딸의 장점도 가지고 있어야만 돼" 하고 말씀하셨다. 내가 태어난 지 사흘 후에 할아버지가 내 팔자를 들고 점을 보러 가셨다. 점쟁이는 뜻밖에도 이건 여자아이의 명이라고 한마디로 잘라 말하면서 "여자아이인 게 아쉽네요. 아니면 틀림없이 한림이 되었을 텐데" 하고 탄식을 했다. 어머니는 그걸 가지고 종종 나를 놀리셨다. "넌 남자아이니 진짜로 한림이 되어야지." 다행히도 난 과거가 이미 오래 전에 폐지된 새로운 시대에 태어났다. 아니었다면 내 재주로 어디 장원 급제하여 가문을 빛낼 자신이 있었겠는가?

내 밑으로 연달아 또 세 명의 남동생이 태어났고, 이것은 어머니를 더더욱 실망시켰다. 그러나 이 세 동생은 모두 살아남았다. 어머니가 그 점쟁이가 엉터리라고 원망할 때면 우린 늘 웃으며 우린 '무화과'니까 꽃을 피우지 않아도 열매가 주렁주렁 맺힌 거라고 말했다.

나에 대한 어머니의 두 번째 실망은 바로 내가 아내를 얻을 생각을 하지 않는 것이었다. 돌아가실 때까지 어머니는 나의 모든 것에 만족스러워 하셨지만, 딱 한 가지 바로 내가 끝내 재덕을 겸비한 아름다운 며느리를 데려오지 않은 것이 부족하다고 생각하셨다. 사실 이 점에 대해서는 내가 어머니보다 더 조급했지만 그저 시운이 따르지 않으니 방법이 없었다.

不折不扣 bù zhé bú kòu 영락없다, 에누리 없다 咬定 yǎodìng 단언하다, 잘라 말하다, 결심하다 翰林 hànlín 문단, 시단, 한림원에 소속된 관리 才具 cáijù 재능과 기량 三元 sānyuán 해원(解元), 회원(会元), 장원(状元) 즉 향시(乡试), 회시(会试), 정시(廷试)의 우등 합격자 一连串 yìliánchuàn 끊임없는, 일련의 灵 líng 신통하다, 효력이 있다, 밝다 累累 lěilěi 주렁주렁, 산더미 같이 쌓이다 结实 jiē shí 열매를 맺다 娶亲 qǔ qīn 아내를 얻다, 장가들다 不济 bújì 도움[보탬]이 되지 않다, 좋지 않다, 쓸모가 없다

在此情形之下，我只有竭力鼓励我的弟弟们先我而娶，替他们介绍"朋友"，造就机会。结果，我的二弟，在二十一岁大学刚毕业时就结了婚。母亲跟前，居然有了一个温柔贤淑的媳妇，不久又看见了一个孙女的诞生，于是她才相当满足地离开了人世。

如今我的三个弟弟都已结过婚了，他们的小家庭生活，似乎都很快乐。我的三个弟妇，对于我这老兄，也都极其关切与恭敬。只有我的二弟妇常常笑着同我说："大哥，我们做了你的替死鬼，你看在这兵荒马乱米珠薪桂的年头，我们这五个女孩子怎么办？你要代替我们养一两个才行。"她怜惜的抚摩着那些黑如鸦羽的小头。她哪里舍得给我养呢！那五个女孩子围在我的膝头，一齐抬首的时候，明艳得如同一束朝露下的红玫瑰花。

母亲死去整整十年了。去年父亲又已逝世。我在各地飘泊，依然是个孤身汉子。

이런 형편에서 난 오로지 동생들에게 먼저 장가를 가라고 힘껏 독려하면서 그들에게 '친구'를 소개해 주고, 기회를 만들어 주었다. 그 결과 둘째 동생은 스물한 살에 대학을 막 졸업하고는 바로 결혼을 했다. 어머니는 뜻밖에 온유하고 현숙한 며느리가 생겼고, 오래지 않아 또 손녀가 태어나는 것도 보셨다. 그래서 어머니는 무척 만족스러워 하시며 세상을 떠나셨다.

지금은 내 동생 셋 모두 결혼을 했고, 그들의 작은 가정 생활은 아주 행복한 것 같았다. 나의 세 계수들은 모두 큰아주버님인 나를 지극히 배려하고 공경한다. 다만 둘째 계수만 종종 웃으며 나에게 "큰아주버님, 우리가 아주버님 대신 희생양이 된 거라구요. 난리로 어지럽고 이렇게 물가가 비싼 이런 시대에 다섯이나 되는 이 딸아이들을 어떻게 하겠어요? 아주버님이 우리 대신 한둘은 키워 주셔야죠." 그녀는 까마귀 깃털처럼 새카만 작은 머리들을 가엽고 불쌍하다는 듯이 어루만지고 있었다. 그녀가 어디 선뜻 그 아이들을 내게 기르라고 주겠는가! 그 다섯 여자아이들이 내 무릎 주위에 둘러앉아 한꺼번에 고개를 들 때면 그 밝고 아름답기가 아침 이슬 내린 붉은 장미꽃 다발 같았다.

어머니가 돌아가신 지 꼭 십 년이 되었다. 작년에는 아버지가 또 세상을 떠나셨다. 난 이곳저곳을 떠돌아다니며 여전히 독신으로 있다.

居然 jūrán 확연히, 확실히, 뜻밖에, 의외로   关切 guānqiè 정이 두텁다, 친절하다, 배려하다, 보살피다   替死鬼 tìsǐguǐ 남을 대신해서 죄를 받거나 죽은 자   兵荒马乱 bīng huāng mǎ luàn 군사와 군마가 어지럽게 날뛰다, 전시에 세상이 혼란에 빠진 모양   米珠薪桂 mǐ zhū xīn guì 쌀은 진주처럼 비싸고, 땔나무는 계수나무처럼 비싸다, 물가가 많이 올라 생활하기가 곤란해지다   怜惜 liánxī 아끼다, 불쌍히 여기다   抚摩 fǔmó 어루만지다   鸦羽 yāyǔ 까마귀의 깃털   膝头 xītóu 무릎   飘泊 piāobó 떠돌아 다니다, 유랑하다

弟弟们的家，就是我的家，那里有欢笑，有温情，有人照应我的起居饮食，有人给我缝衣服补袜子。我出去的时候，回来总在店里买些糖果，因为我知道在那栏杆上，有几个小头伸着望我。去年我刚到重庆，就犯了那不可避免的伤风，头痛得七八天睁不开眼，把一切都忘了。

동생들이 집이 곧 내 집이다. 그곳에는 즐거운 웃음이 있고 따뜻한 정이 있으며, 내가 먹고 자는 일을 돌보아 주고 내 옷을 꿰매 주고 내 양말을 기워 주는 사람이 있다. 어디 나갔다가는 돌아올 때 꼭 가게에서 사탕이나 과자를 산다. 난간에서 그 작은 머리들이 목을 내밀고 나를 쳐다보고 있다는 걸 알기 때문이다. 작년에는 충칭에 도착하자마자 어쩔 수 없이 감기에 걸려서, 칠팔 일 동안 눈도 잘 뜨지 못할 정도로 머리가 아파 모든 걸 다 잊고 지낸 적이 있다.

缝 féng 바느질하다, 꿰매다　**补** bǔ 깁다, 때우다

一天早晨，航空公司给我送来一个包裹，是几个小孩子寄来的，其中的小包裹是从各地方送到，在香港集中的。上面有一个卡片，写着："大伯伯，好些日子不见信了，圣诞节你也许忘了我们，但是我们没有忘了你！"我的头痛立刻好了，漆黑的床前，似乎竖起了一棵烛光辉煌的圣诞树！

回头再说我的母亲吧。自然，天下的儿子，至少有百分之七十，认为他的母亲乃是世界上最好的母亲。我则以为我的母亲，乃是世界上最好的母亲中最好的一个。不但我如此想，我的许多朋友也如此说。她不但是我的母亲，而且是我的知友。我有许多话不敢同父亲说的，敢同她说；不能对朋友提的，能对她提。她有现代的头脑，稳静公平的接受现代的一切。她热烈地爱着"家"，以为一个美好的家庭，乃是一切幸福和力量的根源。她希望我早点娶亲，目的就在愿意看见我把自己的身心，早点安置在一个温暖快乐的家庭里面。然而，我的至爱的母亲，我现在除了"尚未娶妻"之外，并没有失却了"家"之一切！

어느 이른 아침, 항공사에서 내게 소포 하나를 배달해 주었는데, 아이들이 보낸 것이었다. 그 중에서 작은 소포는 여러 곳에서 보내 온 것을 홍콩에서 모은 것이었다. 윗면에 카드가 하나 있었고 이렇게 쓰여 있었다. "큰아버지, 오랫동안 편지 못 받았어요. 성탄절에 큰아버진 아마 우리를 잊어버리신 것 같아요. 하지만 우린 큰아버질 잊지 않았어요!" 편지를 읽고 나의 두통은 당장 나았다. 시커먼 침대 앞에 촛불이 휘황찬란하게 빛나는 크리스마스트리가 한 그루 서 있는 것 같았다.

다시 이야기를 나의 어머니에게로 돌리자. 물론 세상의 아들들 중 적어도 칠십 퍼센트는 자신의 어머니가 세상에서 가장 좋은 어머니라고 생각할 것이다. 그러나 나는 나의 어머니가 세상에서 가장 좋은 어머니 중에서도 가장 좋은 어머니라고 생각한다. 나만 이렇게 생각하는 것이 아니라 많은 나의 친구들도 그렇게 말한다. 그녀는 나의 어머니였을 뿐만 아니라 나의 지기이기도 했다. 나는 아버지에게는 감히 하지 못하는 많은 이야기들을 어머니에게는 할 수 있었고, 친구에게 감히 꺼낼 수 없는 이야기도 어머니에겐 할 수 있었다. 어머니는 현대적인 생각을 가지고 계셨고, 현대의 모든 것을 침착하고 균형 있게 받아들이셨으며, 어머니는 '가정'을 너무나도 사랑하셨다. 아름다운 가정이 바로 행복과 힘의 근원이라고 생각하셨다. 어머니가 내가 빨리 아내를 맞이하기를 바라셨던 것도 목적은 바로 내가 자신의 몸과 마음을 일찌감치 따뜻하고 행복한 가정 안에 두는 걸 보고 싶으셨던 데 있었다. 그러나 나의 사랑하는 어머니여, 저는 지금 '아직 아내를 얻지 않은 것' 말고는 '가정'이 주는 어떤 것도 결코 잃지 않았습니다!

稳静 wěnjìng (태도나 상황이) 조용하다, 온화하다

我们的家，确是一个安静温暖而又快乐的家。父亲喜欢栽花养狗；母亲则整天除了治家之外，不是看书，就是做活，静悄悄的没有一点声息。学伴们到了我们家里，自然而然的就会低下声来说话。然而她最鼓励我们运动游戏，外院里总有秋千、杠子等等设备。我们学武术，学音乐（除了我以外，弟弟们都有很好的成就）。母亲总是高高兴兴的，接待父亲和我们的朋友。朋友们来了，玩得好，吃得好，总是欢喜满足的回去。却也有人带着眼泪回家，因为他想起了自己死去的母亲，或是他的母亲同他不曾发生什么情感的关系。

我的父亲是大家庭中的第三个儿子。他的兄弟姊妹很多，多半是不成材的，于是他们的子女的教养，就都堆在父亲的肩上。对于这些，母亲充分的帮了父亲的忙，父亲付与了一份的财力，母亲贴上了全副的精神。我们家里总有七八个孩子同住，放假的时候孩子就更多。母亲以孱弱的身体，来应付支持这一切，无论多忙多乱，微笑没有离开过她的嘴角。

우리 가정은 확실히 안정되고 따뜻하며 또한 행복한 가정이었다. 아버지는 꽃을 심고 개를 기르는 걸 좋아하셨고, 어머니는 종일 집안을 돌보는 것 말고는 책을 보시지 않으면 일을 하시면서, 조용하게 아무런 기척도 내지 않으셨다. 학교 친구들이 우리 집에 오면 자연히 목소리를 낮추어 이야기를 하게 되었다. 그러나 어머니는 우리들이 운동하고 놀이하는 걸 가장 장려하셔서, 바깥뜰에는 늘 그네랑 철봉 등의 시설이 있었다. 우리는 무술이랑 음악을 배웠다(나 말고 동생들은 모두 제법 높은 수준에 이르렀다). 어머니는 늘 기쁘게 아버지와 우리의 친구들을 대해 주셨다. 친구들이 오면 잘 놀고, 잘 먹고, 늘 기쁘고 만족스럽게 돌아갔다. 어떤 아이는 오히려 눈물을 머금고 돌아가기도 했는데, 돌아가신 자기 어머니가 떠올랐거나 또는 자기는 자기 어머니하고 어떤 정감 있는 관계로 지내 본 적이 없기 때문이었다.

  나의 아버지는 대가정의 셋째 아들이었다. 형제 자매들이 많았지만 대부분은 그다지 쓸모 있는 사람이 되지 못했고, 그래서 그들의 자녀를 돌보고 가르치는 일은 모두 아버지의 어깨 위에 놓여졌다. 이런 일들에 대해 어머니는 아버지를 부족함 없이 도왔다. 아버지는 경제적인 능력의 일부를 주었고, 어머니는 모든 정신을 보태어 주었다. 우리 집에는 늘 일곱 여덟 명의 아이들이 함께 살았고 방학 때면 아이들은 더 많아졌다. 어머니는 연약한 몸으로 이 모든 걸 감당하고 지탱해 나가셨다. 아무리 일이 많고 복잡해도 어머니의 입가에는 미소가 떠난 적이 없었다.

栽花 zāi huā 꽃을 심다   秋千 qiūqiān 그네   杠子 gàngzi 굵은 막대기, 철봉, 평행봉   成材 chéng cái 재목이 되다, 쓸모 있는 사람이 되다   贴 tiē (경제적으로) 도와 주다, 보태 주다   孱弱 chánruò (몸이) 쇠약하다   应付 yìngfù 대처하다, 대충 넘기다, 아쉬운 대로 지내다   支持 zhīchí 견디다, 지탱하다

我永远忘不了母亲逝世的那晚，她的床侧，昏倒了我的一个身为军人的堂哥哥！

母亲又有知人之明，看到了一个人，就能知道这人的性格。故对于父亲和我们的朋友的选择，她都有极大的帮助。她又有极高的鉴赏力，无论屋内的陈设，园亭的布置，或是衣饰的颜色和式样等，经她一调动，就显得新异不俗。我记得有一位表妹，在赴茶会之前，打扮得花枝招展的，到了我们的家里；母亲把她浑身上下看了一遍，笑说："元元，你打扮得太和别人一样了。人家抹红嘴唇，你也抹红嘴唇，人家涂红指甲，你也涂红指甲，这岂非反不引起他人的注意？你要懂得'万朵红莲礼白莲'的道理。"

난 어머니가 돌아가시던 날 밤에 어머니의 침대 옆에서 군인이었던 사촌 형이 기절했던 일을 잊을 수 없다!

 어머니는 또한 사람을 보는 눈이 있어서 사람을 보면 곧 그 사람의 성격을 알 수 있었다. 그 때문에 어머니는 아버지와 우리들이 친구를 선택할 때 지대한 도움을 주었다. 어머니는 또한 아주 높은 심미안을 가지고 계셔서 집안의 장식이든 정원의 배치든 또는 옷의 색깔이나 모양이든 모두 어머니의 조정을 한 번 거치고 나면 아주 새롭고 우아하게 보였다. 내 기억에 사촌 누이 하나가 파티에 가기 전에 아주 요란하게 화장을 하고 우리 집에 왔었는데, 어머니가 그녀의 전신을 위아래로 한번 훑어보시더니 웃으며 "웨이웨이엔, 치장이 너무 다른 사람과 똑같구나. 다른 사람이 입술을 붉게 칠한다고 너도 붉게 칠하고, 다른 사람이 손톱을 붉게 칠한다고 너도 붉게 칠하면 그건 도리어 다른 사람의 주목을 끌지 못하게 되지 않겠니? '만 송이 붉은 연꽃이 한 송이 흰 연꽃에게 절한다'는 이치를 알아야지" 하고 말씀하셨다.

昏倒 hūndǎo 까무러치다, 졸도하다　**调动** diàodòng (위치, 용도, 인원 등을) 바꾸다, 배치 전환하다　**抹** mǒ 바르다, 칠하다

我们都笑了,赞同母亲的意见。表妹立刻在母亲妆台前洗净铅华,换了衣饰出去;后来听说她是那晚茶会中,被人称为最漂亮的一个。

母亲对于政治也极关心。三十年前,我的几个舅舅,都是同盟会的会员,平常传递消息,收发信件,都由母亲出名经手。我还记得在我八岁的时候,一个大雪夜里,帮着母亲把几十本《天讨》,一卷一卷的装在肉松筒里,又用红纸条将筒口封了起来,寄了出去。不久收到各地的来信说:"肉松收到了,到底是家制的,美味无穷。"我说:"那些不是书吗?……"母亲轻轻的捏了我一把,附在我的耳朵上说:"你不要说出去。"

辛亥革命时,我们正在上海,住在租界旅馆里。我的职务,就是天天清早在门口等报,母亲看完了报就给我们讲。她还将她所仅有的一点首饰,换成洋钱,捐款劳军。我那时才十岁,也将我所仅有的十块压岁钱捐了出去,是我自己走到申报馆去交付的。那两纸收条,我曾珍重的藏着,抗战起来以后不知丢在哪里了。

우린 모두 웃었고 어머니의 의견에 찬성했다. 사촌 누이는 당장 어머니의 화장대 앞으로 가서 화장을 지우고 옷과 장식을 바꾸고 나갔다. 나중에 들어 보니 사촌 누이는 그날 파티에서 사람들이 가장 아름답다고 말한 아가씨가 되었다고 한다.

어머니는 정치에도 무척 관심이 많으셨다. 삼십 년 전 나의 삼촌 몇몇은 모두 동맹회의 회원이었는데 평소에 소식을 전하고, 편지를 받고 부치고 하는 일은 모두 어머니가 직접 나서서 처리했다. 나는 내가 여덟 살이었던 때, 눈이 많이 내린 밤에 어머니를 도와 몇십 권의『천토』를 한 권 한 권 장조림 통에 넣고 붉은색 종이로 통의 입구를 봉한 다음 부쳤던 일을 기억한다. 책을 부치고 난 뒤 얼마 안 있어서 "장조림 잘 받았습니다. 역시 집에서 만든 것이라 맛이 너무 좋습니다"라고 쓰여진 편지들이 곳곳에서 날아왔다. 내가 "그거 책 아니었어요?……" 하고 말하자 어머니는 나를 살짝 잡으시면서 내 귀에 대고는 "그런 말 입 밖에 내지 말아라" 하고 말씀하셨다.

신해혁명 때 우리는 상하이에 있었는데, 조계의 여관에 묵고 있었다. 내 임무는 매일 이른 아침 문 앞에서 신문을 기다리는 것이었다. 어머니는 신문을 다 보시고 나면 우리에게 이야기를 해주셨다. 어머니는 또 자신이 가지고 있던 얼마 안 되는 머리 장식을 돈으로 바꾸어 노동군에 기부하기도 했다. 나는 그때 겨우 열 살이었지만 내게 있던 십 위엔의 세뱃돈도 모두 헌납했는데, 내가 직접 신보관에 가서 돈을 냈다. 그 두 장의 영수증은 보물처럼 간직해 왔었는데 항전이 일어난 뒤 어디에서 잃어버렸는지 모르겠다.

铅华 qiānhuá 염기성 탄산연을 통칭하는 말　出名 chū míng 이름을 내다, 이름이 나다　经手 jīng shǒu 취급하다, 다루다, 중매하다　肉松 ròusōng 소나 돼지 따위의 살코기 또는 생선을 말려 간장 향료 따위를 넣고 잘게 찢어 만든 식품　到底 dàodǐ 아무래도, 역시, 도대체, 마침내, 결국, 끝까지　捏 niē 손가락으로 집다(쥐다), 누르다, 막다, 빚어 만들다　一把 yìbǎ 한줌, 한 웅큼, 한 주먹　附 fù 접근하다, 다가가다, 달라붙다　洋钱 yángqián 은화, 은전　捐款 juān kuǎn (공동의 사업을 위하여) 돈을 기부하다

"五四"以后，她对新文化运动又感了兴趣。她看书看报，不让时代把她丢下。她不反对自由恋爱，但也注重爱情的专一。我的一个女同学，同人"私奔"了，当她的母亲走到我们家里"垂涕而道"的时候，父亲还很气愤，母亲却不做声。客人去后，她说："私奔也不要紧，本来仪式算不了什么，只要他们始终如一就行。"

诸如此类，她的一言一动，成了她的儿子们的南针。她对我的弟弟们的择偶，从不直接说什么话，总说："只要你们喜爱的，妈妈也就喜爱。"但是我们的性格品味已经造成了，妈妈不喜爱的，我们也决不会喜爱。

她已死去十年了。抗战期间，母亲若还健在，我不知道她将做些什么事情，但我至少还能看见她那永远微笑的面容，她那沉静温柔的态度，她将以卷《天讨》的手，卷起她的每一个儿子的畏惧懦弱的心！

'5·4' 이후에 어머니는 신문화운동에도 많은 관심을 가지셨다. 어머니는 책과 신문을 보면서 시대에 뒤떨어지지 않도록 했다. 어머니는 자유연애에는 반대하지 않았지만 사랑이 한결같음은 중요하게 생각했다. 나의 한 여자 동창생이 남자와 '사랑의 도피행각'을 벌여서, 그녀의 어머니가 우리 집에 와서 '눈물을 흘리며 말할' 때 아버지는 그래도 무척 화를 내셨지만 어머니는 도리어 아무 말씀도 하지 않으셨다. 손님이 가고 난 후에야 어머니는 "도피하는 거야 큰 문제가 아니지, 본래 의식이라는 게 뭐 대단한 건 아니니까. 그들이 처음부터 끝까지 한결같기만 하면 되는 거야."

이러한 여러 가지 경우들에서 처럼 어머니의 말과 행동은 하나하나 자식들에게 나침반이 되었다. 어머니는 동생들이 배우자를 선택하는 일에 대해 한 번도 직접 뭐라고 말씀을 하시는 적이 없이, 늘 "너희들이 좋아하는 사람이면 엄마도 좋아한다" 하고 말씀하셨다. 그러나 우리의 성격이나 기호가 이미 형성되어 있었기 때문에, 어머니가 좋아하지 않으시는 건 우리도 결코 좋아할 리가 없었다.

어머니가 돌아가신 지 벌써 십 년이 되었다. 항전기에 어머니가 만약 건재하셨다면 무슨 일을 하셨을런지는 모르지만, 난 적어도 어머니의 그 언제나 미소 띤 얼굴과 그 침착하고 온유한 태도는 볼 수 있었을 것이다. 어머니는 『천토』를 말던 손으로 자신의 자식들 하나하나의 두려움과 나약한 마음을 말아 올리셨을 것이다!

私奔 sībēn 사랑의 도피를 하다　垂涕 chuítì 눈물을 흘리다, 울다　诸如此类 zhū rú cǐ lèi 이러한 여러 가지, 대개 이런 것들과 같다　择偶 zé'ǒu 배필[짝]을 고르다

　　她是一个典型的贤妻良母,至少母亲对于我们解释贤妻良母的时候,她以为贤妻良母,应该是丈夫和子女的匡护者。

　　关于妇女运动的各种标语,我都同意,只有看到或听到"打倒贤妻良母"的口号时,我总觉得有点逆耳刺眼。当然,人们心目中"妻"与"母"是不同的,观念亦因之而异。我希望她们所要打倒的,是一些怯弱依赖的软体动物,而不是像我的母亲那样的女人。

그녀는 전형적인 현모양처였다. 적어도 어머니가 우리에게 현모양처에 대해 설명해 주셨을 때 어머니는 현모양처란 남편과 자식을 돕고 돌보는 자여야 한다고 생각하셨다.

여성 운동의 여러 가지 표어들에 대해 난 모두 동의한다. 하지만 '현모양처를 타도하자'라는 구호를 보거나 들을 때만은 늘 조금 눈과 귀에 거슬린다는 느낌을 받는다. 물론 사람들의 마음속에 있는 '아내'와 '어머니'는 모두 다를 것이고, 그로 인해 아내나 어머니에 대한 관념도 다를 것이다. 난 그들이 타도하려 하는 것이 나약하고 의존적인 연체동물이지, 우리 어머니 같은 그런 여인은 아니기를 바란다.

匡护 kuānghù 돌보고 보호하다, 보좌하고 돌보다   逆耳 nì'ěr 귀에 거슬리다
怯弱 qièruò 겁이 많고 나약하다

연습문제 6

1 녹음을 듣고 빈칸에 들어갈 말을 써 넣으시오.

(1) 母亲(　　　)是母亲，她仍然是(　　　　)的爱我。
(2) 有人(　　　)我的起居饮食，有人给我(　　　)衣服补袜子。
(3) 母亲以(　　　)的身体，来(　　　)支持这一切。

2 본문을 읽고 다음 물음에 답하시오.

(1) 母亲总是希望头生的是一个女儿，是因为——
　A. 算命的说先生下一个姑娘，可以庇护以后的少年
　B. 头生的是姑娘可以帮她照顾弟弟，分担忧愁
　C. 算命的说这应该是个女孩的命

(2) 作者何以认为自己的母亲是世界上最好的母亲中最好的一个？
　A. 母亲是我的知友
　B. 母亲有知人三明，对我的朋友的选择有极大的帮助
　C. 母亲是一个典型的贤妻良母

(3) 母亲所说的"万朵红莲礼白莲"的道理是——
　A. 标新立异，要寻求和别人不一样的效果
　B. 不倦俗套，要显出自己与众不同的一面
　C. 天然去雕饰，要表现出清新自然的本来面目

모범답안 190페이지

3 본문의 내용과 일치하면 ○, 다르면 ×표를 하시오.

(1) 母亲略感遗憾的是没能看到作者娶妻。(　)
(2) 战争年代，作者曾帮他的二弟养育过他的子女。(　)
(3) 作者觉得盲目的打倒贤妻良母是不对的。(　)

4 다음 문장을 자연스러운 우리말로 옮기시오.

(1) 母亲整天除了治家之外，不是看书，就是做活，静悄悄的没有一点声息。

⋯▶

(2) 我听到 "打倒贤妻良母" 的口号时，总觉得有点逆耳刺眼。

⋯▶

5 다음 문장을 자연스러운 중국어로 옮기시오.

(1) 여인을 이야기하면 내 마음속에 제일 먼저 떠오르는 건 바로 나의 어머니이다.

⋯▶

(2) 어머니는 '가정'을 열렬하게 사랑하셨고, 아름다운 가정이 바로 행복과 힘의 근원이라고 생각하셨다.

⋯▶

一个忧郁的青年

我从课室的窗户里,看见同学彬君,坐在对面的树下,低着头看书;在这广寂的院子里,只有他一个人,窗外的景物,都是平常看惯,没有什么可注意的;我的思想便不知不觉的移到他身上去。

他的性情很活泼,平日都是有说有笑,轻易不显出愁容的。近一年来,忽然偏于忧郁静寂一方面。同学们都很怪讶,因为我和他相处最久,便常常来问起我,但是确实我也不知道。

这时我下了廊子,迎着他走去,他慢慢的抬起头来,看见了我,便微笑说:"你没有功课么?"我说:"是的,我看见你一个人坐在这里,所以来找你谈谈。"他便让出地方来,叫我坐下,自己将书放在一边,抬头望着满天的白云,过了一会才慢慢的说:"今天的天气很沉闷啊!"我答应着,一面看他那种孤索的态度,不禁笑了。

번민하는 청년

나는 교실 창문으로 친구 빈 군이 맞은편 나무 밑에 앉아 고개를 숙이고 책을 읽고 있는 것을 보았다. 이 넓고 고요한 뜰 안에 오직 그 혼자만 있었다. 창 밖의 경치는 모두 평소 익숙히 보던 것들이라 별로 주의를 끌 만한 것이 없었다. 나의 생각은 나도 모르게 그에게로 옮겨갔다.

그의 성격은 무척 활발했다. 평소 늘 웃음꽃을 피우며 이야기를 했고, 쉽게 근심스러운 얼굴을 드러내 보이지 않았다. 그런데 최근 일 년 동안 그는 갑자기 번민과 정적 쪽으로 기울게 되었다. 친구들은 모두 이상하게 여기면서, 내가 그와 함께 지낸 지가 가장 오래되었기 때문에 종종 내게 와서 물었지만 정말로 나도 그가 왜 그런지 알지 못했다.

이때 내가 복도를 내려가 그를 향해 걸어가자, 그는 천천히 고개를 들어 나를 보고는 미소를 지으며 말했다. "자네 수업 없나?" "응, 자네 혼자 여기 앉아 있는 게 보이길래, 자네랑 이야기나 좀 하려구." 내가 이렇게 말하자 그는 곧 자리를 내어 주며 내게 앉으라고 하고는 자기는 책을 한쪽에 내려놓고 고개를 들어 하늘 가득한 흰 구름을 보았다. 조금 지나서야 비로소 천천히 말을 하기 시작했다. "오늘은 날씨가 무척 찌무룩하군!" 나는 그렇다고 대답하면서 한편으로는 그의 사색하는 태도를 보며 나도 모르게 웃음이 나왔다.

忧郁 yōuyù 근심 걱정하다, 번민하다, 우울하다 | 思想 sīxiǎng 생각, 마음 | 有说有笑 yǒu shuō yǒu xiào 웃음꽃을 피우며 즐겁게 이야기하다 | 轻易 qīngyì 수월하게, 가볍게, 간단하게 | 偏于 piānyú ~에 치우치다 | 静寂 jìngjì 고요하다 | 沉闷 chénmèn (날씨, 분위기 등이) 음울하다, 무겁다

他问道：“你笑什么？”我说：“我想起一件事来，所以笑的。”他不在意的问道：“什么事？”我笑说：“同学们说你近来有些特别，仿佛是个'方外人'，我看也……"他便沉着的问道："何以见得呢？"我这时有些后悔，但是已经说到这里，又不得不说了，就道："不过显得孤寂沉静一些就是了，并没有什么——"他凝望天空不语，如同石像一般。

过了半天，他忽然问我说："有忧郁性的人，和悲观者，有分别没有？"我被他一问，一时也回答不出，便反问道："你看呢？"他说："我也不很分得清，不过我想悲观者多是阅世已深之后，对于世界上一切的事，都看作灰心绝望，思想行为多趋消极。忧郁性是入世之初，观察世界上一切的事物，他的思想，多偏于忧郁。然而在事业上，却是积极进行。"我听了沉吟一会，便说："也……也许是这样讲法。"

그가 물었다. "자네 왜 웃나?" 내가 말했다. "한 가지 일이 생각나서 웃은 걸세." 그는 대수롭지 않게 물었다. "무슨 일인데?" 나는 웃으며 말했다. "친구들이 그러는데 자네가 요즘 좀 특별하데. 마치 '이방인' 같다나. 내가 보기에도……" 그는 곧 침착하게 물었다. "어떻게 보이는데?" 이때 난 조금 후회가 되었지만 이왕 말이 여기까지 나온 터라 또 말을 하지 않을 수도 없어서 "그냥 좀 고독하고 조용해 보인다는 거지, 뭐 별건 아니네—" 하고 말했다. 그는 마치 돌조각처럼 하늘을 응시하며 아무 말도 하지 않았다.

한참이 지난 후 그가 갑자기 내게 물었다. "번민하는 사람과 비관적인 사람이 차이가 있나?" 난 그의 질문을 받고, 순간적으로 대답을 하지 못한 채 곧 반문을 했다. "자네가 보기엔?" 그는 말했다. "나도 뚜렷하게 구분은 못하네. 하지만 내 생각에 비관적인 사람은 대부분 세상 물정을 이미 깊이 이해하고 난 뒤에 세상의 모든 일에 대해 낙심과 절망으로 여기고 생각이나 행동이 다분히 소극적인 경향을 띠게 된 것이네. 하지만, 번민하는 건 세상에 발을 들여 놓은 초기에, 세상의 모든 사물들을 관찰하고는 그의 생각이 번민으로 더 기울어진 것이지만, 일을 하는 데 있어서는 오히려 적극적으로 추진해 가지." 그의 말을 듣고 나는 잠시 머뭇거리다가는 말했다. "어……어쩌면 그렇게 말할 수 있을지도 모르겠네."

阅世 yuèshì 세상 경험을 쌓다, 세상물정을 이해하다   沉吟 chényín 깊이 생각하다, 주저하다, 머뭇거리다

他凝望着我说：“这样，同学们说我是悲观者，这话就不对。”我不禁笑说：“却原来他们批评你的话，你也听得一二。”他冷笑说：“怎么会不听得，他们还亲口问过我呢，其实一个人的态度变了，自然有他的缘故，何必大惊小怪，乱加推测。”我说：“只是你也何妨告诉他们，省得他们质问。”他微笑说：“其实说也不妨，不过……不过不值得费工夫去和他们一一的细说就是了。”我说：“可以对我说说么？”他道：“那自然是可以的。”

그는 나를 뚫어지게 바라보며 말했다. "그러니, 친구들이 나를 비관자라고 한다면 그 말은 틀렸네." 난 웃음을 참지 못하며 말했다. "알고 보니 그들이 자네에 대해 하는 말들을 한둘은 들어 알고 있었구만." 그는 차갑게 웃으며 말했다. "어떻게 듣지 않을 수 있겠나, 그들이 또 직접 내게 묻기도 하는데. 사실 어떤 사람의 태도가 변했다면 당연히 그 나름대로의 이유가 있어서 그런 것인데, 그렇게 별것 아닌 것 가지고 놀라 법석을 떨면서 이런 저런 억측들을 마구 해 댈 필요가 어디 있나?" 내가 말했다. "자네가 그들에게 말해 줘도 괜찮지 않은가. 그렇다면 그들이 물어보지 않아도 되고." 그는 미소를 지으며 말했다. "사실 말해도 상관없지. 하지만 …… 하지만 시간을 들여가며 그들에게 하나하나 자세히 이야기할 가치가 없을 뿐이지." 나는 물었다. "내겐 말해 줄 수 있겠나?" "그거야 물론 가능하네" 하고 말했다.

缘故 yuángù 까닭, 이유, 연고 大惊小怪 dà jīng xiǎo guài 하찮은 일에 크게 놀라다 推测 tuīcè 추측하다, 헤아리다, 추측 何妨 héfāng ~해도 괜찮지[무방하지] 않은가

又过了一会儿,他说:"从前我们可以说都是小孩子,无论何事,从幼稚的眼光看去,都不成问题,也都没有问题,从去年以来,我的思想大大的变动了,也可以说是忽然觉悟了。眼前的事事物物,都有了问题,满了问题。比如说:'为什么有我?'——'我为什么活着?'——'为什么念书?'下至穿衣,吃饭,说话,做事;都生了问题。从前的答案是:'活着为活着'——'念书为念书'——'吃饭为吃饭',不求甚解,浑浑噩噩的过去。可以说是没有真正的人生观,不知道人生的意义。——现在是要明白人生的意义,要创造我的人生观,要解决一切的问题。所有的心思,都用到这上面去,自然没有工夫去谈笑闲玩,怪不得你们说我像一个'方外人'了。"

我说:"即或是思索着要解决一切的问题,也用不着终日忧郁呵。"

幼稚 yòuzhì (나이가) 어리다, (수준이) 낮다, 유치하다　觉悟 juéwù 각성(하다), 자각(하다)　浑噩 hún'è 얼떨떨하다, 멍청하다, 흐리멍텅하다　即或 jíhuò 설사 ~라 하더라도

다시 시간이 좀 더 흐르고 난 후 그가 말했다. "이전까지 우린 모두 어린아이들이었다고 말할 수 있을 걸세. 무슨 일이든 유치한 눈으로 바라보았을 땐 아무 문제도 되지 않았고, 또 아무 문제도 없었던 거지. 하지만 작년부터 나의 생각은 크게 변하기 시작했네. 갑자기 깨닫게 되었다고 할 수도 있고. 눈앞의 일들이 하나하나 모두 문제가 있고, 문제로 가득 차 있다네. 예를 들면 '왜 내가 있는가?' '난 무엇 때문에 살아가는 것인가?' '공부는 왜 하는가?' 하는 것들이지. 아래로는 옷 입고, 밥 먹고, 말하고, 일하는 것에 이르기까지 모두 문제가 생겨났네. 이전의 대답은 '살기 위해서 사는 거고' '공부하기 위해 공부하는 거고' '밥 먹기 위해 밥 먹는 거'였지. 깊은 이해를 구하지 않고, 그저 대충대충 지나갔지. 진정한 인생관이 없었고, 인생의 의미가 무엇인지도 알지 못했다고 말할 수 있을 거야. 지금은 인생의 의미가 무엇인지를 분명히 알고, 나의 인생관을 정립하고, 모든 문제를 해결해 보려고 하네. 모든 생각을 다 여기에 쏟고 있으니 자연히 한가하게 놀며 이야기 나눌 시간이 없는 거지. 그러니 자네들이 나를 '이방인' 같다고 하는 것도 당연하지."

나는 말했다. "설령 모든 문제를 해결하려고 생각하고 있다고 해도 종일 번민할 필요는 없지 않은가."

他抬起头来看我说："这又怪了，你竟见不到此！世界上一切的问题，都是相连的。要解决个人的问题，连带着要研究家庭的各问题，社会的各问题。要解决眼前的问题，连带着要考察过去的事实，要想象将来的状况。——这千千万万，纷如乱丝的念头，环绕着前后左右，如何能不烦躁？而且'不入地狱，不能救出地狱里的人'。——'不失丧生命，不能得着生命'。不想问题便罢，不提出问题便罢，一旦觉悟过来，便无往而不是不满意，无往而不是烦恼忧郁。先不提较大的事，就如邻家的奴婢受虐，婆媳相争；车夫终日奔走，不能养活一家的人；街上的七岁孩子，哄着三岁的小弟弟；五岁的女孩儿，抱着两岁的小妹妹。那种无知，痛苦，失学的样子，一经细察，真是使人伤心惨目，悲从中来。再一说，精神方面，自己的思想，够不够解决这些问题是一件事；物质方面，自己现在的地位，力量，学问，能不能解决这些问题，又是一件事。反复深思，怎能叫人不忧郁！"

그는 고개를 들어 나를 보며 말했다. "그건 참 이상하네. 자네가 뜻밖에도 이것을 생각하지 못하다니! 세상의 모든 문제는 다 연관되어 있다네. 개인의 문제를 해결하려고 하면 연관해서 가정 문제들과 사회의 문제들을 함께 연구해야 하는 거네. 눈앞의 문제를 해결하려고 하면 그것과 연관해서 과거의 사실들을 살펴보고, 미래의 상황을 상상해 봐야 하는 거지. 이렇게 수천 수만의 헝클어진 실처럼 엉켜 있는 무수한 생각들이 전후좌우를 둘러싸고 있으니 어찌 답답하고 초조하지 않을 수 있겠나? 게다가 '지옥에 들어가지 않으면 지옥에 있는 사람들을 구해낼 수 없고', '생명을 잃지 않으면, 생명을 얻을 수 없는 것' 아닌가. 문제를 생각하지 않으면 그만이고 문제를 제기하지 않으면 그만이지만, 일단 이런 것들을 깨닫고 나면, 가는 데마다 불만스럽지 않은 데가 없고, 가는 데마다 근심되고 번민스럽지 않은 일이 없다네. 우선 좀 큰일들은 거론하지 않는다 해도, 이웃집의 종들이 학대를 받는 일이나, 고부간에 서로 다투는 일이나, 인력거꾼이 종일 달려도 집안 식구 하나 먹여 살리지 못하는 일이나, 거리의 일곱 살 된 아이가 세 살 된 작은 동생을 어르고 있는 일이나, 다섯 살 된 여자 아이가 두 살 된 여동생을 안고 있는 일, 그런 무지함과 고통, 배움의 기회를 잃고 있는 모습들을 한번 자세히 보고 나면 정말 상심이 되고 비참한 생각이 들어 슬픔이 마음속에서부터 우러난다네. 게다가, 정신적인 면에서, 자신의 생각이 이런 문제들을 해결할 수 있을 것인가 하는 것이 하나고, 물질적인 면에서 현재 자신의 위치나 역량, 학문이 이런 문제들을 해결할 수 있는가 하는 것이 또 다른 문제이니, 이런 일들을 반복해서 깊이 생각하다 보면 어떻게 사람이 번민하지 않을 수 있겠나!"

连带 liándài 연대하다, 서로 연결되다　环绕 huánrào 에워싸다, 둘러싸다　烦躁 fánzào 초조하다　无往而不 wú wǎng ér bù 가는 데마다 ~하지 않는 게 없다　奴婢 núbì 종, 노비　受虐 shòu nüè 학대 받다　惨目 cǎnmù 참혹하다, 처참하다

我凝神听到这里，不禁肃然道："你的忧郁，竟是悲天悯人。——这是一个好现象，也是过渡时代必有的现象。不过一切的问题，自然不能一时都解决了，慢慢的积极做去，就完了。何必太悲观……"

他立刻止住我说："你又来了！'悲观'两个字，我很不爱听。忧郁是第一步，奋斗是第二步。因着不满意，才忧郁；忧郁至极，才想去求那较能使我满意的，那手段便是奋斗了。现在不过是一个忧郁时期，以后便是奋斗时期了，悲观者是不肯奋斗，不能奋斗的，我却不是悲观者呵！"

我注目望着他，说："这样，——你忧郁的时期，快过尽了么？奋斗的目标，已有了么？你对于这些问题，已有成竹在胸么？"

肃然 sùrán 숙연하다, 조용하고 엄숙하다　　悲天悯人 bēi tiān mǐn rén 사회의 부패와 백성의 질고에 대해 슬픔과 분노를 느끼다　　成竹在胸 chéng zhú zài xiōng 대나무를 그릴 때는 마음속에 이미 대나무 그림이 있다, 이미 모든 계획이 다 서 있다

 나는 정신을 집중해 이야기를 여기까지 듣고는 숙연해지지 않을 수 없었다. "자네의 번민은 뜻밖에도 세상을 걱정하고 사람들을 불쌍하게 여기는 것이었군. 그거야 좋은 현상이지. 과도적인 시대에 반드시 있는 현상이기도 하고. 하지만 모든 문제가 당연히 한순간에 모두 해결될 수는 없는 것 아니겠나. 천천히 적극적으로 해 나가면 되는 거지. 너무 비관할 필요가 있나……."

 그는 당장 나를 막으며 말했다. "자네 또 그 소리구만! '비관'이란 두 글자, 난 아주 듣기 싫네. 번민은 첫 걸음이고 투쟁은 두 번째 걸음이라네. 어떤 것에도 만족하지 못하기 때문에 비로소 번민하는 것이고, 번민이 극에 이르면 비로소 비교적 나를 만족시킬 수 있는 그런 일을 찾아 나설 생각을 하게 되는 거지. 그 수단이 바로 투쟁이고. 지금은 번민의 시기에 불과하지만 앞으로는 투쟁의 시기가 되는 거지. 비관적인 사람은 투쟁을 하려 하지 않고, 투쟁을 할 수 없으니 난 오히려 비관자가 아니지!"

 나는 그를 주의 깊게 바라보며 말했다. "그렇다면 자네의 번민의 시기는 거의 다 지나간 건가? 그리고 투쟁의 목표는 이미 있는 거고? 자네는 이런 문제들에 대해 이미 마음속에 다 계획이 서 있는 건가?"

他微微的笑了一笑，说："你慢慢的看下去，自然晓得了。我本来只自己忧郁，自己思虑，不想同谁谈论述说的，而且空谈也无裨实际，何必预先张张皇皇的，引人的批评注意，今天是你偶然的问起来，我们又是从小儿同学，不是泛泛的交情，所以大略对你说一点，你现在可明白了罢！"

这时我站了起来，很诚恳的握着他的手说："祝你奋斗到底！祝你得最后的胜利！"

他用沉毅的目光看着我说："谢谢你！你能和我一同奋斗么？"

谈论 tánlùn 논의(하다), 비난하다, 논평하다　　述说 shùshuō 설명하다　　裨 bì 도움이 되다　　泛泛 fànfàn (교제가) 깊지 못하다, 평범하다, 일반적이다　　到底 dàodǐ 철저하게, 끝까지　　沉毅 chényì 침착하고 과단성이 있다, 듬직하고 굳세다

그는 살짝 웃으며 말했다. "천천히 보면, 자연 알게 될 걸세. 난 본래 단지 혼자서만 번민하고 혼자서만 생각했지, 누구와 논의하거나 설명을 할 생각은 없었네. 게다가 빈말은 현실에 아무 도움도 못 주는데, 어찌 먼저 장황하게 늘어놓아 사람들의 비판이나 주목을 끌 필요가 있겠는가. 오늘은 자네가 우연히 물어왔고, 우린 또한 어릴 적부터 친구로 그저 평범한 친구 사이가 아니니 내 자네에게 대략 이야기를 좀 한 걸세. 자네 이젠 분명히 알겠지!"

이때, 나는 일어나 아주 진심을 담아 그의 손을 잡으며 말했다. "자네가 끝까지 투쟁하기를 바라네! 자네가 최후의 승리를 얻기를 기원하네!"

그는 깊고 굳센 눈빛으로 나를 바라보며 말했다. "고맙네! 자네 나와 함께 투쟁할 수 있겠나?"

연습문제 7

1 본문을 읽고 다음 물음에 답하시오.

(1) 同学彬君为何强烈反对把他归为悲观者一类呢？
  A. 因为悲观者多是阅世很深的人，而他却还只是入世之初
  B. 因为悲观者对于世界上一切的事都很绝望，而他还只是觉得忧郁而已
  C. 因为悲观者的思想和行为大多都是消极的，而他却是积极主动的

(2) 彬君之所以显得很忧郁，是因为他总是在思考——
  A. 为什么有我 B. 我为什么活着 C. 人生的意义是什么

(3) "成竹在胸"的意思是——
  A. 形容看问题看得很清楚
  B. 形容胸怀宽大
  C. 形容办事情有把握

2 녹음을 듣고 빈칸에 들어갈 말을 써 넣으시오

(1) 其实一个人的态度变了，自然有他的（　　），何必（　　　），乱加推测。
(2) 即或是（　　）着要解决一切的问题，也用不着（　　）忧郁呵。
(3) 这时我站了起来，很（　　　）的握着他的手说："祝你（　　　）到底！"

186

모범답안 191페이지

3 본문의 내용과 일치하면 〇, 다르면 ×표를 하시오.

(1) 同学们看彬君时常悲天悯人，觉得他是个方外人。（　）
(2) 彬君觉得不值得费时间和精力对同学们一一解释自己的行为。（　）
(3) 作者对彬君悲天悯人的思想很是敬佩。（　）

4 다음 문장을 자연스러운 우리말로 옮기시오.

(1) 从去年以来, 我的思想大大的变动了, 可以说忽然觉悟了。

⋯▸

(2) 一切的问题、自然不能一时都解决了，慢慢的积极做去。

⋯▸

5 다음 문장을 자연스러운 중국어로 옮기시오.

(1) 내가 그와 함께 지낸 지가 가장 오래 되었기 때문에 종종 내게 와서 물었다.

⋯▸

(2) 개인의 문제를 해결하려고 하면 연관해서 가정 문제들과 사회 문제들을 함께 연구해야 한다.

⋯▸

연습문제 모범답안

연습문제 1

1 (1) B (2) C (3) C

2 (1) × (2) × (3) ×

3 (1) 拌嘴，当家人 (2) 喧嚣，刺激 (3) 拮据，清理

4 (1) 천 선생은 회랑 위를 왔다 갔다 하면서 나지막하게 한숨을 내쉬더니 조금 있다가 다시 앉았다.
 (2) 석양이 서쪽으로 기울며 저녁놀을 물들이고 찬란하게 빛나는 꽃들과 푸른 풀들을 비추니 이 뜰 안은 마치 작은 낙원 같았다.

5 (1) 我正要转身，舅母从前面来了。
 (2) 他揉一揉眼睛，站了起来，我拉着他的手，一同进入卧室。

연습문제 2

1 (1) C (2) C (3) B

2 (1) 邮差，跳跃 (2) 牵连，遗弃 (3) 忽然，蹑手蹑脚

3 (1) × (2) ○ (3) ○

4 (1) 이 고통스러운 소리는 끊어졌다 이어졌다 하면서 이 적막하고 어두운 밤에 울려대고 있었다.
 (2) 그의 머릿속은 극도로 피곤해졌고, 최대한 그런 생각들을 없애려고 했지만 이런 생각들이 몰려오는 걸 어쩔 수 없었다.

5 (1) 微微的风，吹扬着他额前的短发，吹干了他头上的汗珠。
 (2) 我给你那医药费，里面不含着丝毫的爱和怜悯。

연습문제 3

1. (1) 翻来覆去, 抑郁 (2) 耽搁, 公事 (3) 随波逐流, 旋涡

2. (1) A (2) C (3) C

3. (1) ○ (2) ○ (3) ×

4. (1) 그의 머릿속의 환영은 시시각각 변하면서, 달이 중천에 이르고 갑판에서 달 구경을 하던 여행객들이 모두 흩어질 때까지 계속되었다.
   (2) 그들은 아파트 안에서 마작을 하며 술을 마시는 게 습관이 되어 월급을 받으면 모두 먹고 마시고 노는 데 다 써버렸다.

연습문제 4

1. (1) B (2) C (3) C

2. (1) ○ (2) ○ (3) ×

3. (1) 挟, 连跑带跳 (2) 凝想, 挪开 (3) 笨重, 腻

4. (1) 샤오링은 그의 새까만 얼굴과 깊은 눈빛 속에 뜻밖에도 무척이나 온화한 모습이 있는 걸 보고는 차츰차츰 두려워하지 않게 되었다.
   (2) 그는 매일 아침 저녁으로 여전히 그 자리에서 기다리면서 샤오링이 놀라 달아날까봐 나무 뒤에 숨어 있었다.

5. (1) 他觉得厌烦, 远望见那兵丁出来, 便急忙走开了。
   (2) 他举着枪, 追风似的, 向着广场跑去。

연습문제 5

1. (1) ○ (2) ○ (3) ○

2. (1) A (2) B (3) C

3. (1) 心弦，清澈，沉寂 (2) 忧患，磨灭 (3) 悚然，不禁

4. (1) 환자를 간호하는 사람은 환자의 병세가 호전되거나 악화되는 것에 대해 냉정하고 침착해야 한다.
   (2) 조금 후 눈이 피곤해 천천히 눈을 감았고, 희미하게 어머니가 저쪽에 앉아 있는 모습이 보였으며, 그 후엔 몽롱하게 잠에 빠져들어 더 이상 보이지 않았다.

5. (1) 像这样的社会，活着也没有什么快乐，脱去倒也干净。
   (2) 难道从我这里所得的，尽是忧患苦痛么？

연습문제 6

1. (1) 究竟，不折不扣 (2) 照应，缝 (3) 孱弱，应付

2. (1) A (2) A (3) B

3. (1) × (2) × (3) ○

4. (1) 어머니는 종일 집안을 돌보는 것 말고는, 책을 보시지 않으면 일을 하시면서 조용하게 아무런 기척도 내지 않으셨다.
   (2) 나는 '현모양처를 타도하자'라는 구호를 들을 때만은 늘 조금 귀에 거슬린다는 느낌을 받는다.

5. (1) 谈到女人，第一个涌上我的心头的，就是我的母亲。
   (2) 母亲热烈的爱着"家"，以为一个美好的家庭，乃是一切幸福和力量的根源。

연습문제 7

1 (1) C　　(2) C　　(3) C

2 (1) 缘故, 大惊小怪　(2) 思索, 终日　(3) 诚恳, 奋斗

3 (1) ×　　(2) ○　　(3) ×

4 (1) 작년부터 나의 생각은 크게 변하기 시작했다. 갑자기 깨닫게 되었다고도 할 수 있다.
　　(2) 모든 문제는 당연히 한순간에 모두 해결될 수는 없다. 천천히 적극적으로 해 나가야 한다.

5 (1) 因为我和他相处最久, 便常常来问起我。
　　(2) 要解决个人问题, 连带着要研究家庭的各问题, 社会的各问题。

작가소개

빙신(冰心) (1900~1999)

시인, 소설가, 아동문학가, 문학번역가. 본명은 셰완잉(谢婉莹). 1918년 협화여자대학(协和女子学校) 예과에 입학, 재학 중 5·4운동에 적극 참여하였고, 창작을 시작하여 참신한 신시·산문 및 소설 등으로 신문학계에서 주목 받았다. 1921년 문학연구회에 참가하고, 1923년 미국에 유학하였다가 1926년 귀국하여 연경대학(燕京大学)·청화대학(清华大学) 등에서 교편을 잡았으며, 중·일전쟁 중에는 윈난(云南)·충칭(重庆) 등지에서 창작활동과 문맹퇴치활동을 펼쳤다. 1946년 일본으로 건너가 도쿄대학에서 강의하였고, 1951년 귀국한 뒤 국제적으로 저명한 작가로서 문화계·여성계를 대표하여 국제교류에 진력하였다. 「人民文学」 편집위원과 중국작가협회 이사, 중국문학예술연합회 부위원장직을 역임하였다. 대표작품으로는 처녀작인 단편소설 『两个家庭』(1919)을 비롯해 시집 『繁星』(1921), 『春水』(1922), 단편소설 『超人』(1923), 산문 『寄小读者』(1927), 아동문학 『陶奇的暑期日记』(1956) 등이 있다.